U0123742

曹石军 著

助推

台海出版社

图书在版编目（CIP）数据

助推 / 曹石军著. — 北京：台海出版社，2021.11
ISBN 978-7-5168-3171-7

Ⅰ.①助… Ⅱ.①曹… Ⅲ.①家庭教育－通俗读物
Ⅳ.①G78-49

中国版本图书馆CIP数据核字(2021)第232851号

助推

著　　者：曹石军

出 版 人：蔡　旭　　　　　　　　封面设计：热带宇林
责任编辑：姚红梅

出版发行：台海出版社
地　　址：北京市东城区景山东街20号　　邮政编码：100009
电　　话：010—64041652（发行，邮购）
传　　真：010—84045799（总编室）
网　　址：www.taimeng.org.cn/thcbs/default.htm
E - m a i l：thcbs@126.com

经　　销：全国各地新华书店
印　　刷：河北盛世彩捷印刷有限公司
本书如有破损、缺页、装订错误，请与本社联系调换

开　　本：880毫米×1230毫米　　　1/32
字　　数：178千字　　　　　　　　印　　张：9.25
版　　次：2021年11月第1版　　　　印　　次：2021年11月第1次印刷
书　　号：ISBN 978-7-5168-3171-7

定　　价：68.00元

父母的思维方式，决定孩子的成才模式

1968 年，一位名叫罗森塔尔的美国心理学家做了一个著名的心理学实验。

罗森塔尔教授一行来到美国加州的一所小学，从一至六年级中各选了三个班，对学生进行了未来发展趋势测试。之后，罗森塔尔以心理学专家的口吻，将一份"最有发展前途者"的名单交给了校长和老师，并叮嘱他们一定要保密，以免影响实验的正确性。

事实上，名单上的学生是罗森塔尔教授随便挑选出来的。然而，8 个月后，当教授及其助手们对这十八个班的学生进行复试时，奇迹出现了：凡是上了这份名单的学生，每个人的成绩都有了很大进步，并且性格更开朗，自信心强，更喜欢和周围的人交往。

为什么会这样？教授进一步研究发现，当老师收到实验者的暗示时，对上了名单的学生抱有更高的期待，就会有意无意地改变自己对待这些学生的态度和行为，包括给予鼓励、创造更多提问及辅导的机会等，由此将隐含的期望传递给他们。当学生接收到这些积极的信号后，也会用更好的表现回报老师，从而激发出老师更大的教育热情，给予这些学生更多的关照，如此循环往复，最终孩子们的学习成绩以及行为表现都会向老师期待的方向靠拢。

罗森塔尔教授的这项研究，在心理学界具有开创性的意义，它第一次以科学实验的方式证明，老师的期待对学生的成绩有直接的影响。在心理学领域，罗森塔尔效应又被称为皮格马利翁效应，它更为世人熟知的提法是"自我实现的预言"。

每一位家长都希望把子女培养成才，我们能够梦想成真吗？罗森塔尔效应给出的答案是"yes"，不过有一个前提——家长需要用积极的言辞鼓励孩子，用积极的行为去推动孩子，激发孩子自主学习、成长的热情。当父母坚定不移地给出正面反馈时，孩子才会给予积极的回应。

然而，在呵护孩子的学习热情、激发孩子的内驱力这条路上，一些家长往往用力过猛了。

下面的场景你是不是很熟悉：

孩子考试得了 98 分，父母知道后，第一句话不是"你真棒"，而是，"那 2 分怎么丢的，你也太粗心了！"

孩子喜欢画画，父母说，"画画得好有什么用？还是多背点单词、多做几道数学题，更能提高成绩！"

长此以往，孩子的努力得不到肯定，兴趣爱好被压抑，学习状态难免被动消极，家长只好用更激烈的言辞去"抽鞭子"，由此陷入"消极的自我实现的预言"——父母总觉得孩子不行，不断批评，孩子也慢慢认为自己真的不行，有意无意地从各个方面"证明"这一点。

更严重的是，一些青春期的孩子出现心理问题，正是因为在年幼时从家长或周围人那受到太多压力，压抑的情绪无法释放，不断累积成心理隐疾。

因此，我一直倡导在家庭教育中，应该以积极教育的科学理念为指导，努力成为积极的父母，用心建设积极的家庭，最终才能成功培养出积极的孩子。正所谓父母积极，家庭积极，孩子才能积极。而"积极"，正是"自我实现的预言"里的关键词。

怎么才能做到呢？从转变父母的思维方式开始。

家长需要意识到，孩子的成长自有他（她）的节律，我们不应扮演"拉动者"的角色，而要成为孩子成长的"推动者"。不是连拉带拽拖着孩子前进，而是用爱和智慧洞察孩子的需求，站在他们背后积极鼓励。当你从思维到行为都保持淡定，不着急给孩子"塞"东西时，才能呵护孩子自主学习、探索世界的热情。

本书作者曹石军老师的观点跟我不谋而合。很高兴看到《助推》的出版，并为之作序。

曹石军老师扎根教育12年，是青少年成长教育思维深度研究者。他通过对数百个成功家庭的案例分析，提炼出一套独特的思维模式，并给出了行之有效的方法。

尤为值得一提的是，作者以企业家的战略眼光，在书中一针见血地指出，一些家长在家庭教育问题上的核心问题，不是方法不够，而是思维不对；只有家长突破思维的局限，孩子的成长才没有上限。以"道"驭"术"，相关洞察和表达颇为新颖且精彩。

在格局思维部分，曹老师用自己做企业和教育两个孩子的亲身经历，启发读者探寻家庭教育的根本问题：我们究竟希望孩子成为什么样的人，拥有怎样的人生？进而指出，父母的认知和格局是成就孩子的关键。家长的思维方式，要从注重孩子的技能拓展转为格局培养——不要以实用性为原则培养"工具人"，而要以价值感为主导塑造"领导者"。给予孩子榜样、视野、信念和内在力量，不被潮流、环境牵着鼻子走，被动满足外界需求，而是让孩子用自己的步伐和节奏丈量这个时代，积极主动地参与和改变未来的世界。

在战略思维部分，曹老师用田忌赛马的典故来讲述舍与得的智慧，强调聪明的家长懂得把有限的资源用在关键点上，将孩子的局部优势最大化，去抓要害部分。用战略思维养育孩子，需要家长建立三个认知：掌握系统性风险，找到战略破局点，锁定战略优势。它们分别对应着三种思维：加法思维，减法思维，乘法思维。

这些论述颇有见地，显然，作者是把企业经营的智慧运用到家庭教育上，书里提供的方法，不只是教育孩子，对于家长提升个人修为也大有助益。

想要成为高手，就要善于向高手借智慧。在高手思维部分，曹老师借用柯达公司未能对数码技术予以重视，最终错失时代机会的案例，提醒当下盲目给孩子报名兴趣班、辗转于课外辅导之间的家长：如果你没做正确的事情，你把事情做正确又有什么用呢？

每个时代都充满挑战和机会，每个孩子都有无穷潜力。"如果说教育有起跑线的话，家长的思维，才是值得我们去抢跑的。"

我们常说，家庭是人生第一所学校，家长是孩子的第一任老师。父母要给孩子讲好"人生第一课"，帮助他们扣好"人生第一粒扣子"。

如何在孩子成长的关键时刻，用正确的思维和行为助推？这本书给出了作者的思考和解答。我读完本书收获良多，深有感触，在此推荐给你。

教育孩子是一项持续终生的事业，保持积极的心态，拥有耐心、智慧，加上正确的思维，你就是最厉害的家长。

李兆良

写于吉林·长春

2021 年 8 月 1 日

李兆良：心理学教授、博士生导师、国务院儿童教育工作智库专家、教育部国家公派美国加州大学访问学者、"十四五"期间我国家庭教育规划及重大问题"专项课题组专家成员。

推荐序 2 **》**

企业家思维遇上家庭教育

认识石军有些年头了。仍记得那年深秋，已是两个孩子父亲的他，决定转型做家庭教育，风尘仆仆地从长沙过来找我，憨憨的眼眸里写满真诚："我是专程来向您请教的。"

与石军打过交道的人，都能感受到他身上那种实在、坚韧、大气的特质。而我，因为见证着他从创业初期到事业有成的过程，所以对他还有一层更深的认识：知行合一。

从大学生教育到企业管理教育，再到家庭教育，他在事业上的几次重心调整，也正是他人生不同阶段的重心转换。换句话说，他在讲台上是怎样讲的，在讲台下就是怎样活的。这几天，读了他即将出版的大作《助推》，更加深了我对他的这一印象。

乍一看，我还以为自己弄错了，这明明是企业管理书的格调嘛！可当我细细阅读下去时，竟被深深吸引了：这是一本与众不同的家庭教育著作！一个十几年来研究大学生职业生涯发展的讲师，一个浸泡在商业圈里的企业家，一个大量阅读历史哲学、人生智慧、经营管理等书籍的思考者，当他做了父亲并把教育好自己的孩子和帮助更多家庭、教育更多孩子当作终身事业时，这种理性思维与感性之爱结合在一起，必将产生非同凡响的能量，这本书便是这能量的结晶，也是他"知行合一"的最佳诠释。

他以商业智慧的逆向思维实践着家庭教育："为人处事如果随大流，很难有所成就；思维和行为跟普通人倒着来，反而有可能成功。"当大多数亲子教育书籍都在"术"的层面大谈技巧时，他整本书都在"道"上谈"思维"，因为他深知"思维决定行为，行为决定结果"的逻辑。

他用企业管理的头脑分析家庭教育，一针见血，直指核心：教育孩子真正的起跑线，不是时间、金钱、资源，而是家长的认知。普通家长给孩子报班，优秀家长给自己报班。用爱做加法，掌控系统性风险；用智慧做减法，找到战略破局点；用杠杆做乘法，锁定战略优势。好的教育不是让孩子模仿别人，而是助力他活出最精彩的自己。

他以"大格局高品质"的风格对待家庭教育：为了研究家庭教育，他每年至少投资 30 万元以上，上顶尖的课程和拜访名师。他说，以自立为标准，父母的格局包含 3 个维度：高度、广度和深度，分别对应着有高度的视野、有广度的胸怀、有深度的理想。教育拼的不光是孩子有没有天赋，更重要的是家长有没有战略思维，是否具备"舍"与"得"的智慧。聪明的家长懂得取舍，把有限的资源集中在战略关键点上，将孩子的局部优势放大到极致。

但他同时又有企业家的实践习惯和学者的"死磕"精神，从认定将家庭教育作为终身事业的那一天开始，他就心无旁骛，说话、做事、看书、交友、生活、工作、休闲，全是家庭教育，充分调动眼耳口鼻等所有感官，感受和钻研着这一领域。几年来，他通过接触大量成功的和失败的教育样本，研究数百个精英家庭的教育案例，分析出不同类型的家长在教育问题上的困惑是什么，盲点在哪里。而最难能可贵也是他这本书最与众不同之处是：他能跳出家庭教育本身，站在人生智慧和商业管理的更高视角来看家庭教育。他深知"不识庐山真面目，只缘身在此山中"的道理，深入钻研，又不迷入局中。

因此，我隆重地向大家推荐此书：

通过此书，你会深切地感受到，教育孩子不只是一件必须做的事情，更是一项伟大的充满人生智慧的事业。

通过此书，你家庭的格局将被放大，你育子的观念将被更新，你曾被教育"内卷"而焦虑的心将被抚平舒展。

通过此书，你会体验到一种"跳出迷局，豁然开朗"的轻松感。

最为关键的，通过此书，你和你的孩子都可以重组出更高层级的思维，活出更精彩的人生！

潇竹

写于南海仙湖居

2021 年 8 月 1 日

潇竹："风筝式"家庭教育创始人、广东省佛山市南海区宣传部讲师团讲师、知名畅销书作家，采访了一百多位有使命感的成功华人，出版畅销书《带孩子就像放风筝》《寻找幸福与成功的密码》等。

自序 》》

家庭教育的"术"和"道"

2021 年两会期间，全国政协委员、江苏省锡山高级中学校长唐江澎也有一段精彩的发言，他说：

"学生没有分数，就过不了今天的高考，但孩子只有分数，我看恐怕也赢不了未来的大考；一个学校没有升学率，就没有高考竞争力；但是我们的教育只关注升学率，国家恐怕也就没有核心竞争力。分数是重要的，但是分数不是教育的全部内容，更不是教育的根本目标。

"好的教育应该培养终生运动者、责任担当者、问题解决者和优雅生活者。给孩子们健全而优秀的人格，赢得未来的幸福，造福国家社会。"

上述论述并非只针对家庭教育，但作为整个教育链基础的基础、关键的关键，**家庭教育做好了，学校教育才有用武之地；在家庭教育中打好人才的雏形，学校教育才能更好地把孩子雕琢成形。**

家庭教育的核心，离不开"培根、铸魂、启智、润心"。在我看来，以培养健全而优秀的人格为目标，好的教育应该有五个标准：把孩子的生命看得比成绩更重要；把孩子的快乐看得比面子更重要；把孩子的自尊看得比缺点更重要；把孩子的前途看得比金钱更重要；把孩子的幸福看得比学习更重要。

揽镜自照，一些家长受大环境影响，内心定力不够，被升学压力、留学指标等推着走，做选择时盲目追随大众，执着于在教育的"术"上不断精进，却未看清其中更重要也更基本的"道"。

老子说，有道无术，术尚可求也；有术无道，止于术。

庄子说，以道驭术，术必成；离道之术，术必衰。

孙子说，道为术之灵，术为道之体；以道统术，以术得道。

那么，家庭教育的"道"是什么？就是家长的思维。**学历是铜牌，能力是银牌，人脉是金牌，思维是王牌。**父母用什么样的思维教育孩子，孩子就会养成相应的思维模式和行为模式。

教育孩子，你要知道的三件事

很多家长教育不好孩子，原因不是不知要怎么做，而是做不到。为什么做不到，不是积习难改，而是思维方式没有跟上来。

一枚鸡蛋，从内突破是成长，从外打破是死亡。要转变旧有的思维习惯，家长要重视三件事。

第一，空杯心态

在我小时候，大人教育孩子时，最喜欢说的一句话是："我走过的路比你走过的桥多，吃过的盐比你吃过的饭多，所以你要听我的。"其实，年龄、辈分、资历上的优势，很多时候不过是一种自以为是。时代不同了，过去买的车票上不了现在的车，以往的经验不一定是财富，也可能是包袱。

现代管理学之父彼得·德鲁克说："动荡时代最大的危险不是动荡本身，而是仍然用过去的逻辑做事，预见未来的最好方式，就是去创造未来。"

教育与之类似。家长在孩子面前要有空杯心态，抛弃居高临下的优越感，跳出"你就该如此""听我的才是对的"等预设，提醒自己"我其实不懂孩子"，然后像海绵般，在教育孩子的过程中不断吸收新的营养，和孩子共同成长。

即便在二孩家庭，老二也不是老大的翻版，适用这个孩子的方式，换到那个，可能就行不通了。每个孩子都独一无二，家长在孩子面前保持谦卑，做到空杯，才能避免在"应该"和"偏不"之间拔河，让亲子关系失和。

尤其在孩子 4-10 岁这一很重要的独立人格成长阶段，**家长在孩子面前的角色，应该是朋友而不是师长。**空杯心态下很重要的一个姿态是：给予，但不强迫。

我们常说，要跟孩子做朋友，平等交流，但如果家长的思维里还装着各种条条框框，各种"应该""不应该"，就没办法跟孩子实现平等对话。家长具备空杯心态，给予，但不强迫；告知，但不做指示才能将幸福斟满孩子人生的杯子。

第二，投资意识

常有人抱怨，孩子就像碎钞机、吞金兽，家长收入再高，一个游学夏令营，就能让几个月的工资打水漂。

调侃归调侃，所有乐此不疲的家长都知道，教育孩子的花销，不只是消费，更多是投资行为——花钱是为了值钱，现在花大力气培养孩子，未来他们在职场上很可能竞争力更强，议价权更高。

既然养孩子就像投资，每个家长都希望抓到潜力股，孵化出一家"独角兽"公司。难就难在，明明知道价值投资需要重仓下注，长期持有，这个过程中的心态和做派却容易从股东沦为散户——每天盯着股价起落，频繁短线操作，瞎折腾的后果往往是损兵折将，军心动荡。

比如，孩子的成绩直接影响到家长的情绪。我们时而为他们考试拿高分心花怒放，恨不得立刻给予奖赏，时而又为他们成绩退步心神不宁，着急马上报班解决问题。

华尔街教父本杰明·格雷厄姆曾说："市场短期是一台投票机，但长期是一台称重机。"如果投资者心心念念的是每天或每分钟的价格波动，涨涨跌跌带来的就是各种情绪变化，焦躁之下容易冲动操作，偏离价值投资的初心。

教育孩子，**我们要有投资意识，但必须摒弃散户心态，奉行长期主义**。如股神沃伦·巴菲特所言，"今天的投资者不是从昨天的增长中获利的"，着眼未来，着眼长期，倒推现在对孩子来说哪些是最重要的事，明确目标，平衡风险，然后放平心态，慢慢来。

第三，逆向思考

从大学时代开始，我就喜欢钻研成功人士何以能够成事，发现他们很重要的一个共性，就是善于跳出常规，并且尊重常识。

有记者曾采访万向集团创始人鲁冠球，问他为什么很多民营企业做了 10 年左右就垮了，而他却能带领万向集团在 30 年间一路成长，持续辉煌。鲁冠球只用 9 个字就概括了自己做成万向的所有心得，那就是"定目标，沉住气，悄悄干"。

俞敏洪分享创业经验时，有个 8 字心法——"做人像水，做事像山"。也就是说，做人要像水一样，尽可能向低处走，对别人谦虚，向别人学习，不耻下问；做事则要有山一样的意志，只要确定了目标，就必须像爬山一样爬上去，不可动摇决心。

大道至简，抛开那些高深晦涩的理论、概念，要想做成一件事，必须尊重常识。而用尊重事物基本的发展规律且符合人性的方式做事，以此赢得人心、实现共赢，是一个人为人处事最大的常识。

尊重常识可以成事，不过要想大成，还需要在此基础上打破常规，拥有逆向思维。

模仿别人，只能成为别人；颠覆别人，才能超越多数人。经营企业如此，教育孩子亦然。

看到别人学钢琴，我们也去学钢琴；别人参加夏令营，我们也不能让孩子暑假闲在家里……当所有人按照一个模式一窝蜂去培养孩子时，赛道只会越来越拥挤，孩子也将从千人千面的天使，慢慢变成面目模糊的棋子。

如果家长希望孩子出类拔萃，就要善于逆向思考，在尊重儿童身心发展规律的基础上，打破思维定式，开拓认知，学会跟常规思维反着来，错峰竞争，差异化定位，以少胜多，以弱胜强，这样普通人家的孩子才有反超机会。

家长的思路，决定孩子的出路

我不是儿童教育专家，也不是心理学研究者，但在做教育的十几年中，我一直在琢磨人心，体察人性。通过接触大量成功和失败的教育样本，研究数百个精英家庭的教育案例，我清楚了普通家长在教育问题上的困惑是什么、盲点在哪里。

多年来，我一直坚定地奉行逆向思维，因此本书的写作也尝试突破常规——没有像市面上多数亲子教育书那样，根据孩子的年龄或者教育主题来划分内容板块，而是以思维方式为突破口，以对众多精英家庭的研究为参照，总结提炼出对家长而言至关重要的教育思维。

在我看来，焦虑迷茫是表象，思维落后是真相。思维不变原地转，思维一变天地宽。这些经过数度打磨后最终呈现在您面前的思维方式，连同相应的解决方案，囊括了家庭教育的精髓。思路决定出路，掌握这些，我们就知道，平凡家庭应怎样培养孩子成才，精英家庭该如何培养下一代。

我希望这是一本家庭共读的书。我深信，真正优秀的孩子不是耳提面命"教"出来的，而是耳濡目染"育"出来的，只要家长突破思维局限，孩子的成长就没有上限。

关于家庭教育，德裔以色列犹太作家蓝龙说过一段话：

　　当我们把为人父母看成是帮助自身成长的机会而不是待完成的任务时，会更加充满信心和动力，积极主动地投入更多时间和精力去探索、反思、观察、询问、倾听、讨论、合作、陪伴、学习和成长。

　　找到最佳而非最快的解决方法——我们就能成为愿意和孩子一起努力的父母，而非与孩子对抗的父母。

　　与大家共勉。

曹石军

于湖南·长沙

2021 年 8 月 1 日

目 录

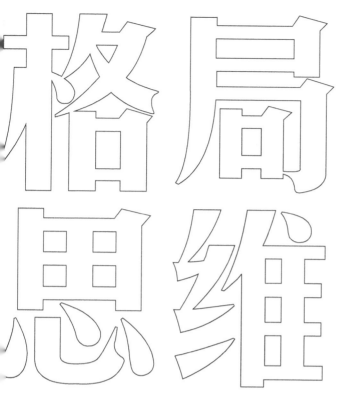

第一章 ＜

格局思维：

用大格局育人，
而不是用小视角养儿

故善战者，求之于势，不责于人，

故能择人而任势。

——孙子《孙子兵法·兵势篇》

自从有了孩子，我发现育儿跟创业有几分相似：

- 都是从零开始。哪怕不是第一次，由于各孩各样，你之前攒下的那些"斗争"经验，依然无法简单复制。
- 都要克服时间、精力包括资源的局限，在忙碌的生活中找到实现自我和成就孩子之间的平衡点。
- 都要在信息庞杂甚至情势混乱的情况下做选择，哪怕押上再多筹码，投资收益仍然不确定。

  ……

虽然一样复杂艰难，苦乐参半，但跟创业不同，教育孩子无论成果如何，都是不可逆的。既然孩子的成长只有一次，家长大都是新手上路，那么问题来了：教育孩子，怎么做才是对的？

突围之路：教育的起跑线，在于家长的认知

教育问题上，80后、90后可能是最焦虑的一代家长。

早教，英语启蒙、思维拓展、体能开发，哪个更重要？择校，公立、私立、国际学校，哪个更好？视角多元化、视野全球化的当下，选择越多越无所适从。

时代飞速发展，昨天被认为是对的事物，今天可能被证明是错的；孩子现在学的东西，明天可能就过时了。计划赶不上变化，我们对待人生、看待世界的方式正在经历剧烈动荡。

家长的焦虑投射到孩子身上，就有了学区房大作战、各种疯狂做题、报班乃至揠苗助长现象，均希望赢在起跑线上。但每个孩子的资质、每个家庭的优势都不一样，如果赛道选错，跑得越快，错得越多。

这些年，个人在做企业的同时抚养两个孩子，用创业视角审视教育问题，我有两句话，送给焦虑的家长：

❯ 第一，选择决定命运，认知决定选择

如今，让孩子学钢琴已经成为不少中产家庭的标配。说得极端一点，如果不让自家孩子学琴，可能你反倒要找个理由跟周围人解释。

但我们也知道，学钢琴是十分枯燥、辛苦的，每天至少花1个小时规规矩矩地坐在那里练琴，还要注意指法、调整情绪，这对大人都不容易，更何况孩子，因此很多琴童家庭或早或晚都将陷入进退两难的境地：

一方面，逼迫孩子每天练琴，是对家长耐心、毅力、亲子沟通技巧的极大考验；另一方面，买琴加上上课的教育开支，动辄三五万，这还不包括接送孩子学琴、在家陪练的时间消耗。

家长投入这么多，孩子学得这么苦，结果如何？

专业技能上，每年学琴并参加考级的孩子千千万万，但最终做此专业的人凤毛麟角。被一些家

长津津乐道的 10 级证书，在专家眼里，可能只是"业余到家"的水平。

兴趣养成上，很多孩子跟家长斗争若干年，被威逼利诱着考过某个级别后，发誓一辈子再也不碰钢琴了。

艺术熏陶上，有媒体追踪若干琴童成年后的表现，挪揄"小时候学钢琴花了几十万，现在只能在公司年会上表演"。

享誉全球的著名作曲家、指挥家谭盾的夫人黄静洁说：

"天下有多少琴童在孤独练琴，在默默承受家长和老师的评判，却听不到自己、听不到音乐，拉琴已变成一种对童年的惩罚。孩子从爱好音乐开始拉琴，却在不知不觉间被父母逼得走到了厌恶音乐的那一面。其实孩子厌恶的不是音乐本身，而是把音乐带进他们生活的那种不合适的侵入方式。"

我认识的一些琴童家长，有经历过跟孩子日复一日的争吵后败下阵来，彻底放弃学琴的，也有抱着"咬牙

再坚持几年考过 × × 级就算了"的信念还在苦苦挣扎的。套用一句鸡汤的说法：很多时候，我们因为跑得太远，而忘记了为什么要出发。

平心而论，多数家长让孩子学琴，并不是要培养音乐家，而是让孩子接受艺术的熏陶，感知音乐的美好，激发对生活的热情。但是在学琴过程中，受大环境影响，跟朋友圈里别人家的孩子一比，我们不自觉就加入了考级大军，逐渐丢掉初心，让自己和孩子站到了音乐的对立面。

教育孩子真正的起跑线，不是时间、金钱、资源，而是家长的认知。往前看，明确目标和方向，赛道正确，才不会跑偏；往上看，梯子搭对了墙，努力爬才有意义。以培养孩子的审美能力为出发点，却逼迫孩子走上厌恶音乐的那一面，需要反思的不是孩子有没有天赋，而是家长是否存在认知谬误。

管理学上有句名言："不要以战术上的勤奋掩盖战略上的懒惰。"选择决定命运，认知决定选择。先在认知上努力，再在行动上努力提高效率，才能做好教育。

❯ 第二，格局决定布局，布局决定结局

《孙子兵法·兵势篇》中有段话：

> "故善战者，求之于势，不责于人，故能择人而任势。任势者，其战人也，如转木石。木石之性，安则静，危则动，方则止，圆则行。故善战人之势，如转圆石于千仞之山者，势也。"

"善战者，求之于势，不责于人"，就是说为将者，要善于创造有利的形势，顺势而为去取胜，而非一味苛求部属拼死苦战。

教育也一样，其中的"势"包含两层意思，一是顺势，二是做势。

先看顺势。管理讲究知人善任，领导的艺术就在于把合适的人放到合适的岗位上，人尽其才，物尽其用。同理，每个孩子天性不同，潜力各异，教育也要因势利导，创造符合孩子特性与发展规律的环境，才能让孩子充分发挥所长，获得成就感的同时，快乐成长。因为真

正的高手不是愁眉苦脸的，而是快乐、从容、恬静的。

再看做势。 一块石头，你是把它拿在手里站在原地，还是爬上山顶把它推下山去，位置不同，势能不同。每个孩子出生时都是一块璞玉，家长除了要精心雕琢还其本来的光泽外，更要懂得利用资源和趋势的力量，放大个人努力，如推千钧之石于万仞之山，这样即便是资质普通的人，也能获得成长的巨大势能。

格局决定布局，布局决定结局。如果父母眼里只看到一件件具体的"事"，而看不到更高一层的"势"，就容易被噪音干扰，偏离教育孩子的正确轨道。

格局养育：教育的目标是自立

作为创业者，决定做某个新项目之前，我习惯问自己：做这件事的目标是什么？它会帮我赚到钱，还是能让公司变得更值钱？洞悉事物本质，以终为始，才能扫除细节障碍，专注于真正重要的事。

育儿也是如此。很多家长喜欢鼓励孩子认真读书，将来考上好大学，找到好工作，挣大钱，买大房子……这些目标都很具体，但往深了想，它们并不触及人生的根本问题，即：**我们究竟希望孩子成为什么样的人，拥有怎样的人生？**

过去20年，新技术、新产业颠覆传统领域的案例屡见不鲜，曾经炙手可热的公司或倒闭或裁员，过去的金饭碗开始变得不值钱。随着人工智能的发展，有一句流传甚广的预言：未来10年，将有超过50%的人失业。

巨变之下，以高薪高职为目标培养孩子，显然是缺乏弹性的，因为未来很多高薪职业，现在很可能还没被创造出来。追逐一个不确定的目标，风险太高。

把视线拉高，视野放宽一些，考上好大学、找份好工作固然重要，却只是教育的小视角。如果把教育目标设定为光宗耀祖，挣大钱买大房子，只盯着"挣钱"而非"值钱"的事，那么孩子学习成长的动力和格局也就停留在这个层面了。着眼小处，教育将止步于"术"。

那什么才是教育的"道"？

在序言中我们谈到，家庭教育的"道"在于家长的思维。转变思维，拓宽格局是首要功课。晚清名臣曾国藩说，"谋大事者，首重格局"。你心里装着什么，就会成为什么。一个人的格局有多大，成就就有多高。

在我看来，教育的终极目标是培养自立的人，让孩子过上兼具价值感和幸福感的人生。

"自立"从字面上可拆解为两个词：一是自信，一是独立，它们共同构成个体发展的重要基石，所谓智力开发、情商培养都附着其上。自信的人勇于直面自己，探索未知；独立的人才有健全的人格，去追求爱与幸福，自由生长。

为此，家长的思维方式，要从注重孩子的技能拓展转为格局培养——不要以实用性为原则培养"工具人"，而要以价值感为主导塑造"领导者"。也就是给孩子树立榜样、开阔视野、给予信念和内在力量，使其不被动地满足外界需求，被潮流、环境牵着鼻子走；而应该让孩子用自己的步伐和节奏丈量这个时代，积极主动地参与和改变未来的世界。

自立养成：格局育儿的三个关键词

现今，国内的育儿现状，一些孩子即便生理上达到自立的标准，精神发育仍然乏善可陈。"直升机父母"[1] "巨婴"[2]等热词的流行，反映出教育上问题，年轻一代生理成熟与心理成熟的不同步。一些家长以爱为名，在孩子的成长之路上大包大揽，无意中加深了孩子对成人社会的恐惧，把孩子推向谨小慎微，或者反抗叛逆的境地。

以自立为标准，父母的格局包含三个维度：高度、广度和厚度，分别对应着有高度的视野、有广度的胸怀、有厚度的理想。

1.直升机父母是目前国际上流行的一个新词语。一般把那些"望子成龙""盼女成凤"心切的父母叫作"直升机父母"——就像直升机一样盘旋在孩子的上空，时时刻刻监控孩子的一举一动。

2.巨婴，是一个网络流行语。特指虽然已经成年，但心智仍然停留在幼儿阶段，极不成熟的人。

其中，有高度的视野需要我们从生活的琐碎、育儿的细节里抽离出来，把目光投向更远的地方，同时让孩子站在我们的肩膀上，看到更辽阔的世界。

有广度的胸怀意味着包容，接纳孩子不好的地方，包容孩子的错误，带给孩子正面积极的价值观和世界观。

有深度的理想建立在视野和胸怀的基础上。这需要家长发挥榜样的力量，让自己先成为一个不封闭、不自私、有格局和抱负的人，从而给孩子施以正面的影响。

具体怎么做？有三个关键词：相信、包容、示范。

❯ 第一，相信：把孩子当作独立个体，给予自由选择的权利

关于家长对子女的过度呵护，美国有"直升机妈妈""铲雪机妈妈（特指为子女铲除一切成长障碍的父母）"的说法，中国也有句类似的俗语，"捧在手心怕掉，含在嘴里怕化"。

为人父母，是一份 24 小时不打烊的工作。一些家长含辛茹苦，养大了孩子，却丢失了自我。更糟糕的是，父母无微不至的关注、照顾，也将模糊亲子相处的边界，为健康的亲子关系埋下隐患。

要让孩子独立成长，家长要明确自己的角色定位：**扮演孩子的托举者，而非掌控者。** 遇到问题，相信孩子有独立解决的能力，把思考、选择、判断的权利交给孩子。

现在很多校内校外辅导班都有微信群，老师定期在群里布置任务，要求家长督促孩子完成后打卡上传。有的家长为了给老师留下好印象，从每天催孩子写作业，到订正错误、拍照修图上传，一站式包揽了。孩子受到老师表扬，也乐得如此。于是家长承担起本该属于孩子的学习任务，每天各种催、各种忙，孩子却推一推动一动，什么时候学要听家长吩咐，学得不好自有家长善后，逐渐失去了学习的主动性。

爱是守护，不是约束；爱是在路边鼓掌，不是代替孩子上考场。 家长的越俎代庖与过分保护，会让孩子失去自主学习的能力。没有自由探索的空间，担心周围的一切充满危险，只能在父母铺设好的轨道上走，又如何期待孩子青出于蓝而胜于蓝？

作为家长，我们太容易低估孩子自身成长的力量。我有个朋友，从孩子上学起，他就告诉孩子学习是自己的事，老师布置的作业他不会管，打卡之类的任务也要孩子自己完成。刚开始，孩子也会丢三落四，到学校后被老师提醒、批评的次数多了，觉得不好意思，便开始长记性了。不到一学期，孩子就养成了每天回家主动写作业、自觉打卡的习惯。

每个孩子与生俱来都有肯定自己、欣赏自己的能力，以及探索世界的欲望。家长真正需要做的，是看到这股欲望和力量，像保护一颗种子一样保护它，相信孩子能借助自身的力量学习、成长。当孩子感受到家长的支持、信任时，他们也会相信自己，从而变成更好的自己。

❯ 第二，包容：让孩子在自己的错误里多待一会儿

如果你的女儿从小学五年级开始，每天要用两个小

时化妆，你会怎么想？

如果你的儿子在超市"顺手牵羊"，你该怎么办？

如果你的儿子选择比自己大四岁又离过婚的女人做妻子，你能接受吗？

如果你的女儿放弃名牌大学法律硕士学位，生娃后又当起了全职妈妈，你会不会支持？

上面问题，哪怕只碰到一个，都可能让我们焦头烂额、失去理智，然而它们却同时发生在同一个家庭的四个孩子身上。

被誉为"华人卡内基之父"的黑幼龙先生晚年最骄傲的，不是自己的成就和名望，而是培养出四个性格迥异、幸福独立的好孩子。走过弯路、经历过叛逆的黑暗期，这四个孩子后来全都考入如斯坦福大学这样的名校，黑幼龙夫妇如此分享他们的经验：**教养孩子最重要的是，我们必须相信自己的孩子不是坏孩子。**

当孩子犯错时，父母不要立刻批评，而要控制情绪，搞清楚他们这样做的背后原因。

有时，孩子犯错只是因为一时好奇（比如在超市"顺手牵羊"），不知道后果的严重性。家长不妨利用这个机会，引导孩子自己判断是非，告诉他们为人处事的底线和边界在哪里。

有时，大人眼中孩子的错误未必是真的错误，可能只是青春期荷尔蒙变化导致的精力过剩（比如调皮捣蛋、不服人管），精力发泄掉了，新鲜劲儿过了，很多事也就不会做了，家长要多一点耐心，静待他们成长。

真正有智慧的家长，懂得用爱包容孩子的错误，甚至允许他们在错误里多待一会儿。这样做有两个好处：一是给孩子一个成长的缓冲期，让他们主动意识到错误，自己去面对并承担犯错的后果，及时复盘；二是给父母一个情绪隔离带，用时间去思考、验证，到底错在孩子，还是父母在把自己的意志强加给孩子了。

家长有了这样的包容心，孩子才有机会充分探索、试错，而健全的人格与独立的价值观，正是在健康、自由、充满爱的环境中得到滋养的。

❯ 第三，示范：想要孩子成为怎样的人，父母先要示范给他们

如果把父母比作原件，孩子就是复印件。孩子的言行举止像一面镜子，投射出父母的性格与处事风格。因此，当我们看到孩子举止失当时，首先要做的，不是批评教育，而是反思自己是否在无意中给了孩子错误的示范？

很多家长问我，孩子放学回家，总喜欢立马跑去看动画片、玩电子游戏，怎么管都不听，怎么办？我反问对方，那你每天下班回家，做的第一件事是什么？答案十有八九也是玩手机、看电视。

站在父母的立场，上班累了一天，回家想要放松，休息一下很正常。为什么看到孩子放学回家玩手机就很紧张，觉得这样做是错的？从孩子的角度来看，白天上学也很累，既然爸爸妈妈可以通过玩手机来调剂，自己为什么不可以？

如果家长不想让孩子沉迷于电视、游戏，最好是从自身做起，给孩子树立一个好榜样。比如下班回家，

我们可以带孩子去小区里玩，一起跳绳打球锻炼身体，也可以在家给孩子读绘本、讲故事，跟孩子玩游戏，或者让孩子写作业，自己在旁边安静地看书。

要让孩子度过有意义的闲暇时光，先要向他们展示除了玩手机，还有哪些有意义的选项。父母带头把手机扔到一边，培养积极的休闲习惯，让孩子看到父母乐在其中的样子，他们自然就知道该怎么做了。

世界上最好的教育就是榜样教育。成长路上，孩子会听父母的话，但他们更想看父母怎么做。正如美国黑人作家鲍德温所说："孩子永远不会乖乖听大人的话，但他们一定会模仿大人。"因此对孩子影响最大的不是你要灌输给他们的事物，而是他们从你身上看到了怎样的生活方式。

如果你希望孩子过上充实、快乐、有意义的人生，请先示范给他们。

格局思维金句

教育孩子真正的起跑线，不是时间、金钱、资源，而是家长的认知。

格局思维金句

爱是守护，不是约束；爱是在路边鼓掌，不是代替孩子上考场。

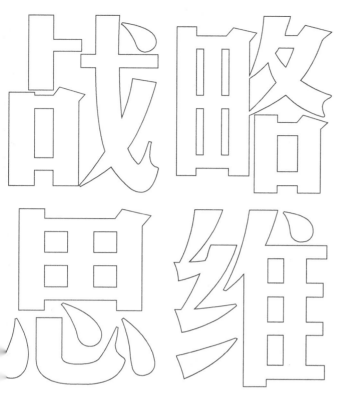

第二章

战略思维：

"舍"与"得"

的智慧

孙子曰："今以君之下驷与彼上驷，取君上驷与彼中驷，取君中驷与彼下驷。"既驰三辈毕，而田忌一不胜而再胜，卒得王千金。

——司马迁《史记·孙子吴起列传第五》

很多家长问我，平时工作比较忙，跟孩子在一起的时间有限，怎么教育才能让他们在学业上有比较好的表现呢？

这让我想到《史记》中的一个经典故事。

战国时期，有一次，齐王与众公子约定赛马，并设重金作为赌注。齐国将军田忌也参与其中，并带上了身负绝学的孙膑。

参加比赛的马分为上、中、下三等，刚开始，田忌用上等马对战齐王的上等马，中等马对战齐王的中等马，结果连输了好几次。孙膑发现大家的马脚力其实差不多，便给田忌献上一条计策，建议以田忌的下等马对战齐王的上等马，用中等马对战齐王的下等马，用上等马对战齐王的中等马。这样三局比赛就能以两胜一负的结果取得胜利，最终不但让田忌赢取了齐王的千金赌注，孙膑也被齐王拜为军师。

田忌赛马的故事中，孙膑的智慧蕴含着一种战略思维：通过舍卒保车优化资源组合，积累局部优势，创造整体优势。马还是原来的马，只是调换一下出场顺序，局面就截然不同了。

这个故事对我们教育孩子有什么启示？其实每个人手里的资源都有限——有钱的人没时间，有时间的人没钱，而教育拼的不光是孩子有没有天赋，更重要的是家长有没有战略思维，简单来说就是是否具备"舍"与"得"的智慧。

聪明的家长懂得取舍，把有限的资源集中在战略关键点上，将孩子的局部优势放大到极致。就像打蛇要打七寸，牵牛要牵住牛鼻子，抓住要害部位，才能一举击中，反败为胜。

舍卒保车：资源有限，要抓战略决胜点

《孙子兵法》中有句很经典的话："备前则后寡，备后则前寡，备左则右寡，备右则左寡，无所不备，则无所不寡。"什么意思？就是当你防备前面时，后面就空虚了；当你防备后面时，前面就空虚了；当你防备左边时，右边就空虚了；当你防备右边时，左边就空虚了；哪边都想防备，最后哪边都守不住，总有空虚的地方。

而破局之道在于：战略上打持久战，战术上打好歼灭战。前者需要全盘考虑，要有终局思维；后者需要抓住关键点，即牛鼻子。

人生三论：普通人困于局限，高手开拓局面

普通人跟高手的差距，很多时候不是执行力，而是"视力"。遇到问题，普通人只看到"事"——容易被具体细节蒙蔽双眼；高手却能盯住"势"——摒弃周遭纷扰，洞悉事物本质。

每个人都有自己的优劣势，当资源不足以让我们在每一个点上都做扎实时，那就集中所有能调动的资源，把最关键的那几点做扎实。矫正战略上的"近视"，才能找到破局的钥匙。

基于此，我把这个世界上的人分成三种，分别是：做事的人、做式的人和做势的人。

做事的人是社会上最多的人，往往属于工薪阶层，他们依靠一家能够发挥自己特长的公司或平台，以付出自己的劳动力来获取相应报酬。

其中专业能力特别强，或岗位特别稀缺的人，也能通过一技之长获得可观的薪水和让人称羡的社会地位，但本质上他们还是靠"技术"吃饭，遵循的是"事

道"。而把一件事情做好，其实是一个人在社会上生存的基本技能以及获取财富的资本。

做式的人往往并不在意如何把一件事做好，更多的考虑是要设计出一个什么样的"模式"，让那些喜欢做事的人能更好地发挥作用，更高效地把事情做好，他们遵循的是"世道"。

做式的人往往是创业者或企业家，他们在掌握基本行业技能之外，还具备相应的文化、眼光、魄力和创新意识，对新产品、新渠道、新工具大都有自己的独到见解，对组织变革也有深刻的洞察。

"式"的价值在"术"之上。创业的本质，其实就是从"做事"努力升级到"做式"，这就意味着一个人不用再靠"技能"挣钱，而是站在更高的位置上通过设计"模式"挣钱。如果做式的人选择的方向正确、模式成立，他们在实现自身价值的同时，也将提升社会整体的运作效率。

做势的人通常具有"运筹帷幄之中，决胜千里之外"的本事。比起站在台前，他们更习惯坐在幕后把控全局。比如，操控着金融资本运转的资本集团或投资家。

做势遵循的是"天道"。"式"在"术"之上,"势"在"式"之上。把复杂问题简单化,把简单问题数量化,把数量问题程序化,把程序问题体系化,这就是"做势"的基本逻辑。

而依据上面的分析,在孩子的教育问题上,家长眼里如果只有"事",看不到"式"和"势",就会陷入具体细节的纠缠中,缺哪补哪,拆东墙补西墙,看不到突围方向。

回到田忌赛马的故事。它还有个前传,说的是孙膑缘何出山。

战国时期,礼崩乐坏,人心不古。这时,在深山修行的鬼谷子开始谋划一个局,想要结束这乱世。

鬼谷子有文和武两类徒弟,文有苏秦、张仪,武有庞涓、孙膑,他们相辅相成,又相生相克。

鬼谷子先让庞涓下山,让他帮助魏国傲视群雄,这叫"起盘";接着让孙膑设法出任齐国军师,把魏国控制在一定范围。由此齐国成了强国,和后起之秀的秦国形成东西对峙，这叫"对局"。然后，苏秦身配六国相印，联络其他国家从南向北对秦国形成包围之势，称为"合纵"，使强秦十五年不敢出函谷关。最后张仪出山，他采取了"连横"策略：逐个国家沟通许诺，远交近攻，孤立各国，继而各个击破，最终一统中国！

如果说孙膑是做式的人，鬼谷子就是做势的人。他独坐深山老林，却能纵横天下。他所布的局就好比一盘棋，弟子们纵横驰骋，局面及胜负完全掌握在他手中。

学者饶胜文说，看待历史有三个比较重要的角度，那就是：局限、格局和局面。

所谓局限，就是说每一个登台的历史人物，都不可避免地会面临诸多限制性条件。历史就像一盘无休止的棋局，每一代棋手坐到台面上时，这个棋局早已展开，如何下好这盘残局，是每个人面对的客观局限。

格局，指的是不同人的认知层次。面对同样的局限，有的人眼里只有当下的两三步棋，看到的是眼前之输赢，有的人却能洞察双方情势的变化，预见发展大势。格局的大小，决定了一个人对其前途的影响，及其在社会中发挥的作用。

假如一个历史人物能依靠自己的智慧，充分发挥有利因素，把制约性条件降到最低，那就有可能开创一个局面，于个人可反败为胜，于社会可推陈出新，甚至推动历史演进。

社会上真正的高手，非常清楚自己面对什么样的局限，他们有足够的格局去思考、行动，以不断开创理想中的局面。

在当下，为人父母只有具备战略思维，从做事的人成长为做式的人，再蜕变为做势的人，不拘泥于家庭资源的局限，才能用格局和智慧为孩子的成长打开局面。

战略三法：如何聚拢优势，做到极致

我小时候家里很穷，父亲为了供我读书，四处奔走，到处借钱。当时他的想法很简单：若不想让子女

再在农村重复面朝黄土背朝天的生活，唯一的出路就是
读书。父亲没听过田忌赛马的故事，也不知道什么是
战略思维，但却无意中抓住了战略思维的精髓——集
中资源优势，哪怕需要孤注一掷。得益于此，我最终
通过读书走出乡村，改变了命运。

把战略思维运用到教育上，家长需要建立三个认
知：**掌控系统性风险、找到战略破局点、锁定战略优
势**。它们分别对应着三种思维：加法思维、减法思维、
乘法思维。

〉第一，用爱做加法，掌控系统性风险

我有个朋友，对孩子的学习一直抓得很紧，孩子也
比较争气，功课门门优异，最终考上了省级重点高中。
没想到高一下学期，孩子突然不肯上学，成绩也一落
千丈。去医院检查，被诊断为中度抑郁症，只好休学。
功课落下不说，还要找人在家专门照顾。

由于竞争压力大及受"望子成龙，盼女成凤"的传
统心理影响，很多家长为了提高孩子的学习成绩，不遗

余力地向他们施压。遇到天生叛逆，怎么哄都不听的孩子，家长多半摇摇头随他去，但若是生性比较乖巧、听话的孩子，家长便在学业上层层加码；而一根弦如果绷得太紧，反而容易出大问题。

教育最大的系统性风险在于，学习负担过重、压力过大，危害到孩子的身心健康，出现生理性或精神性疾病，尤其是后者，轻则厌学，重则长期抑郁，搁在哪个家庭，父母都承受不起。

"颠覆式创新之父"，美国教授克莱顿·克里斯坦森（Clayton M. Christensen）在《你要如何衡量你的人生》一书中指出：

孩子去上学，不是孩子们要完成的事。孩子们需要做的工作只有两个，第一是获得成功的感觉，第二是每天都会有朋友，这才是孩子上学的主要原因。如果孩子上学的过程中没有感受到快乐，就容易误入歧途。有的孩子之所以加入不健康的组织，他们从中得到的无非两样：一是团队，二是成就感。

很多人小时候都有因为害怕考试或担心交不到朋友，而不愿上学的经历。可当我们成为父母时，却忘记了这一点，习惯板起脸来教育孩子——上学是天经地义的事。孩子的需求没得到满足，压力无从释放，从学习上无法获得成就感，还要在家长的催逼下硬着头皮做自己不喜欢的事情，他们天性中的自由与快乐就这样被慢慢挤走、榨干。

克里斯坦森的一个朋友在养育出五个事业有成的孩子后，悟到一件重要的事："孩子只有在自己准备学习的时候才能学到东西，而不是在我们准备好教导他们的时候。"

为此，父母需要用爱做加法，抛开以成绩论输赢的线形思维，看到孩子多元化的天赋与兴趣所在。我常跟学员说，小孩需要补爱，而不是补课；小孩每一个特殊的行为背后，都在呼唤爱。当孩子得到父母的爱和理解时，就能尽情探索这个世界，由此激发出的热情和活力，也会反哺学习。

〉第二，用智慧做减法，找到战略破局点

用爱做加法，是为了掌控系统性风险，让孩子拥有更丰盛、开阔的人生，这并不意味着放任孩子，或浅尝辄止地追求喜欢的东西。因为家长和孩子的时间、精力都是有限的，如何高效配置资源，在事情本身的价值、孩子的兴趣与优势三者之间找到平衡点，考验着家长做减法的智慧。

比如，一些家长担心孩子在学校"吃不饱"，给孩子报了很多课外班。但是虽然每天奔波，成绩却不太理想，反而造成孩子上课不专心，语文课在做数学课外作业，数学课在打瞌睡。此外，家长接送孩子很疲劳，孩子顾此失彼学得也很累。这就是战略上贪多求快导致孩子的学习兴趣和成绩全面溃败。

前面说过，养育孩子，家长一定要把健康和热情放在第一位，任何长期危害这两个前提的事情都可以放弃。此外还要看到，每个孩子的性格、天赋、做事效率都不一样，与其在低水平上做很多事，不如在高水平上做好一两件事，这就是做减法的学问。

企业经营管理中有个著名的二八法则，通常是指企业中 20% 的产品创造了 80% 的利润，20% 的顾客为企业带来了 80% 的收入，20% 的骨干员工创造了 80% 的业绩，20% 的因素造成了 80% 的质量瑕疵……二八法则告诉我们：要抓住那些决定事物命运和本质的关键点的少数。

人生也是如此。**少数能量决定人与人之间的巨大差距，所以教育一定要打歼灭战，不能打消耗战。**尤其到了小学中高年级，家长要注意引导，以学业为主，锁定一两个核心价值来培养，然后砍掉一切琐碎事物。

怎么判断一件事情的核心价值？有三个维度，一是世俗价值，二是孩子做起来是否有优势，三是孩子在做的过程中是否感受到快乐。

你可以拿出一张纸，在上面画三个圆圈。在第一个圈里，列出孩子喜欢做的事（兴趣）；在第二个圈里，列出孩子擅长做的事（优势）；在第三个圈里，列出对孩子升学及未来发展有价值的事（价值）。之后，看看哪一件或几件事同时出现在这三个圆圈里，这就是值得下重注的核心价值。

从系统战角度，通过舍弃非战略决胜因素，把资源集中在战略破局点上，就能以一当十，建立决胜未来的系统性竞争优势。

❯ 第三，用杠杆做乘法，锁定战略优势

一旦找到孩子的核心价值，也就是战略破局点，就要调动身边一切可以调动的资源，团结一切可以团结的力量去集中培养，锁定战略优势。

很多人误解了"木桶理论"，他们一心想要弥补自己的短板，却从没有想过把自己的优势发挥到极致，打造核心竞争力。其实，对成功者而言，木桶理论更多是指，要想继续保持优势，就不能有致命的弱点。但对于尚未成功的人来说，要想成功，必须让自己的长板足够长，用这根长板去突破，而不是试图把自己变得很完美。

教育孩子，我们需要的是"反木桶理论"——培养核心技能，在某一领域建立绝对优势。找到之后，善用杠杆的力量，将资源优势发挥到极致。这样的杠杆包括：专注，重复，迭代。

专注：君子不争，故天下无与之争

一些家长因为孩子比较聪明，学东西也快，就报了各种兴趣班。钱花了不少，证也没少拿，钢琴8级，英语KET、PET（少儿英语培训），作文被登报，奥数进了创新班……综合看花团锦簇全面发展，然而单项也就七八十分的样子，博而不精，到了冲刺重点学校的关键阶段才发现，没有特别耀眼的长项。

一位老师说，专注是高手的第一条护城河。一个人的时间和精力，就是他的兵力。一个人的智商和情商，就是他的火力。聪明人最大的诅咒是贪婪而不专注。分兵多路，很容易被其他领域综合能力不如自己的对手击败。

当我们找到孩子的核心价值后，最重要的是保持专注。像曾国藩那样，结硬寨，打呆仗。遇到诱惑不动心，扎根一个领域吃透做精，如这位老师所言，"当一个人已经站到了优势位置，只要保持专注节制，就不会输"。

重复：创意跟数量成正比

伦敦爱乐乐团选出的50部最伟大的古典音乐中，

6部是莫扎特的作品，5部是贝多芬的作品，3部是巴赫的作品。

普通人只是感慨创作者的天才，研究者却会深入分析所谓的天才从何而来。对1.5万部古典音乐作品的研究发现，作曲家在任意5年内创作的曲目越多，产生传世杰作的概率越大。事实是，为了创造杰作，莫扎特在去世前创作了超过600部作品，贝多芬一生创作了650部，巴赫的作品超过1000部。

人们常说熟能生巧，当一件事被重复得足够多时，才有足够多的修正机会。灵感和创新，绝非拍拍脑袋就从天而降，真正的创意是和数量挂钩的，孩子在一件事上重复的次数足够多，才会有颠覆性的突破。

迭代：用持续进化打造优势壁垒

你也许知道，一个人的成功至少需要10年的磨炼，因为成功背后有个"一万小时定律"：在某个领域持续投入一万个小时，你就可以成为这方面的专家。按每天3个小时算，大约需要10年才能完成这一万小时的积累。

你也许有所不知，专家的培养除了时间积累，还跟天赋与练习方式高度相关，如果只是低水平重复，练习时间再长也没用。如果说专注、重复是量上的必要积累，迭代则是蓄势而发的质的飞跃。就像飞机起飞之前要在跑道上滑翔一段距离，等它一飞冲天，地面上的人就再也追不上。

有的家长认为只要让孩子拼命做题，就能理解知识概念，获得高分，结果往往事与愿违。一万小时定律要真正发挥作用，还需要三方面的辅助条件：

开始练习前，确保孩子已经正确理解和掌握了关于某项学习的正确步骤和方法。方向对了，努力才有意义；方法对了，努力才有效果。

孩子在练习过程中要遵循"练习—优化—再练习—再优化"的步骤，让能力呈现出一种螺旋式上升趋势，这样才能积累微小的进步，不断突破自我。

注意呵护孩子的兴趣，不要让孩子因为压力而坚持，要让他们因为热爱而愿意主动忍受不适，克服当前的困难。

　　父母作为孩子的第一任老师，具备怎样的认知与思维方式，影响到孩子在未来世界中的位置。

　　我们要用战略思维养育孩子，因为思维决定行为，行为决定结果。爱孩子，请转变思维方式，用智慧助他们高飞。

战略思维金句

我们要用战略思维养育孩子，因为思维决定
行为，行为决定结果。 爱孩子，请转变思
维方式，用智慧助他们高飞。

战略思维金句

父母作为孩子的第一任老师，具备怎样的认知与思维方式，影响到孩子在未来世界中的位置。

战略思维金句

每个人都有自己的优劣势，当资源不足以让我们在每一个点上都做扎实时，那就集中所有能调动的资源，把最关键的那几点做扎实。矫正战略上的"近视"，才能找到破局的钥匙。

第三章 〈

高手思维：

那些厉害的
父母，有什么过人之处

在实际生活里，孩子接受不到恰当教育的状况时常出现。这样一来，许多智商原本高的孩子在成长过程中落后了，最后变成愚笨无知的人，甚至更糟。而某些平常的孩子因为得到了良好的教育，最后变成不多见的杰出人才。

——儿童早期教育之父 卡尔·威特

1800 年 7 月 1 日，在德国萨勒河畔的一个牧师家庭，一个男婴呱呱坠地，父亲给他取名卡尔·威特（Karl Witte）。

卡尔 8 岁就能灵活运用德语、法语、意大利语、拉丁语、英语和希腊语这六种语言，对动物学、植物学、物理学、化学，尤其是数学表现出明显的兴趣。9 岁时他被莱比锡大学破格录取，14 岁被授予哲学博士学位，16 岁获得法学博士学位，同时被任命为柏林大学法学教授。23 岁那年，他出版了《但丁的误解》一书，成为研究但丁的权威。

值得称道的是，年少成名并未让卡尔的成长失去后劲，他的余生一直在德国著名高等学府里教学，成就斐然，备受尊敬。

很多人认为，一个人成才的关键在于优秀的基因，比如聪明、天赋等，但小卡尔在这方面毫无过人之处——直到四五岁时，在亲戚朋友眼里他依然属于资质平平的类型。

天才不可复制，但优秀一定有迹可循。卡尔之所以能取得惊人的成就，全赖父亲独特的教育。这位智慧且勇敢的牧师，很早就意识到早期教育的重要性，并且不顾周围人的嘲讽、反对，选择以尊重孩子天性的方式，用惊人的耐心和过人的技巧因材施教，在呵护孩子热情的同时，挖掘出卡尔的成长潜力。

差距何在：从凡人思维到"牛人"思维

我第一次读到卡尔·威特的故事时，女儿刚出生不久。

看着她粉嫩纯净的小脸，我像每一个满怀爱怜的家长那样，希望能给她我能力范围内最好的一切，并开始畅想，她的未来将会怎样，我该如何更好地陪伴她成长。

等到有了二宝，这个问题我已经琢磨了很久。作为普通家长，如果说遗传给孩子的基因无法改良，那可以通过完善家庭教育来给他们滋养。

这些年扎根教育领域，接触了大量真实案例。抚养孩子的同时，我也曾向很多精英家庭取经，并研读过不下 100 本教育专家包括成功企业家的著述。感触最深的是，古今中外很多成功人士，其父母多半具有与众不同的思维方式。

每个优秀的孩子背后，都有一个"厉害"的家长。这些父母最大的过人之处，不是名气和财富，而是教育思维不走寻常路。

这个世上，天才毕竟是少数，多数孩子出生时在天赋、资源上的起点差异并不明显，差别在于家长的思维是墨守成规，还是敢于打破常规。

一些天才少年，本来得到上天眷顾，基因中刻着"优秀"二字，但由于父母的教育方式不当，导致天才变庸才，孩子一生最耀眼的时刻，被定格在童年。

一些问题少年，家里并不缺钱，要什么有什么，但他们的父母思维狭隘，把孩子变成消费主义的囚徒，被教育成精致的利己主义者，还以此自得。这就陷入了财富的诅咒，走上了教育的歧路。

如果说教育真有起跑线的话，家长的思维，才是我们真正值得抢跑的。思维方式影响到教育路径的选择，关乎孩子人生的高度和宽度，最终决定了这个独特的生命是破茧成蝶，还是作茧自缚。

高人指路：想要成为高手，先要结交高手

有句俗语，"龙生龙，凤生凤，老鼠生的孩子会打洞。"想要望子成龙，盼女成凤，光靠"望"是不行的，作为普通家长，我们还需要向高手学思维，向高手借智慧。

由高希希执导的电视剧《三国》里有这样一个片段，诸葛亮跟刘备、刘琦谈到周瑜时说：

"周瑜是何等的倨傲，天下没几个人能让他瞧得上！但周瑜这辈子只推荐过一个人，那便是鲁肃。孙策去世第三天，鲁肃才被周瑜推荐给孙权，哪晓得从那以后，整整一个月，孙权与鲁肃食则同席，寝则同室，朝夕不离，相待如恩师。在那些日子里，他们谈论些什么无人知道，只晓得从此以后，刚刚继位的少主孙权便焕然一新，言谈举止中已有三分帝王之气。"

如果说一个刚刚继位的少主，只需一个老师，只用

一个月就能改造他的言谈举止，那么作为家长，我们有十几年的时光，朝夕陪伴孩子成长。耳濡目染之下，孩子定会有"成长之路"。

怎么做到？亲身体验、独立思考固然重要，关键时刻还需有高人从旁指点，帮你打开"天眼"。这样的高人不限于儿童教育领域的专家，还包括不同领域的大人物、企业家等，他们既可以是你为自己寻找的标杆，也可以是你希望孩子未来成长的方向。

CEO刘亮在31岁左右就成为一家上市公司董事长，有一次在接受采访时，他提到对自己影响很大的一个人，奇虎360的董事长周鸿。他说周鸿是一个很特别的人，自己在西安创业的九年里，一直是闭门造车，直到跟周鸿接触的两年，才真正破茧成蝶，让之前九年的积累全部爆发出来。

想要成为高手，先要结交高手。这里的关键词是"结交"，而不只是"神交"。

很多人知道高手带路的重要，但吝惜时间、精力包括金钱的投入，向高手学习，只停留在"神交"的层面——看媒体对高手的采访报道、读高手写的书，然后自己闷头琢磨，这样学习的效率其实比较低。

举着望远镜看人，人会变形；道听途说的信息，真实性与系统性存疑；跟高手隔着一段距离，照猫画虎往往学不到独门秘籍。

近距离结交高手的主要优势有二：

❯ 首先，优化资源配置，将个人价值最大化

无论孩子还是成年人，我们身上有太多被忽视的优势和资源。而高手，就是能在关键时刻点亮你思想、盘活你资源优势的人，当你觉悟后，你会发现自己比想象中厉害 100 倍。

❯ 其次，读万卷书不如行万里路，行万里路不如"阅人无数"，"阅人无数"不如高手点悟

很多人一谈到学习就是读书，结果工作一忙或孩子

一闹，买书如山倒，读书如抽丝，心烦意乱之下勉强读完，过不了几天，就把学到的东西又都还给作者了。

我也喜欢读书，但比起有字之书，我更爱读无字之书。有人说过，我们看一本书，既要看到书的表面，也要看到书的反面。对于生活这部百科全书，只有结交作者，才能读到其未尽之言，了解人生真谛。

真经需有真解，不得高人指点往往抓不住核心。很多人看书，听讲座，听课程，都很难改变现状。为什么？因为你还未悟透。很多时候，别人叫你这么做，但是如果没告诉你背后的秘诀，没给你分析背后的逻辑，那么你也就只是听了而已。

我读书有两个习惯：一是求精不求多，"死磕"经典，不求广博；二是不读则已，读则读透、读烂、读通。一般来讲，读者读完后有四种反馈：一笑而过，或马上行动，或立刻找作者，或直接找作者合作。

直接找作者并跟其合作，是把书读通的最短路径。知道不等于悟到，悟到不等于做到，做到不等于做好，做好不等于做到极致，做到极致不等于做到变态……跟作者面对面取经，才能学到核心，抓住重点，掌握本质。

颠覆常规：怎样向高手借智慧

很多家长每天忙着接送孩子往返于各种课外班，生活很充实，但是否问过，这些事情是否有价值？

在传统的胶片时代，柯达公司在产品研发上做到了一家公司能够做到的极致，世界上第一台数码相机就诞生在柯达实验室。但因为它在胶片业务上拥有绝对的垄断优势，所以柯达的领导者未能将数码技术当作一种新的商业模式而给予足够重视，最终使其与新的时代机遇失之交臂。

宣告破产之前，柯达公司在传统胶片技术上不断精进，很执着也很努力。那从经济学角度来看，他们有没有把事情做正确？没有。因为他们天天想着如何让胶片拍出来的画面更清晰，质量更稳定。他们很努力地要把手头的事情做正确，但是忘了很重要的一个前提：如果你没做正确的事情，你把事情做正确有什么用呢？

教育孩子方面，我们知道"高人指点"很重要。

接下来的问题是，你有把大量的时间、精力包括金钱花在这四个字上吗？

向高手借智慧，思维和行为必须颠覆常规。怎么做？下面介绍三种方法。

❯ 第一，舍得投入：读书能让一个人改变，花钱能让一个人蜕变

2019 年年初，我给自己定了个目标：少赚钱多花钱。有人说那是因为你有钱。其实这跟有钱没钱没关系，跟你的心态、状态有关系。请问，花钱和赚钱，哪个能让自己得到更快的成长？一般是花钱。

就像有一年我做成几个大项目，入账几百万元很开心，但转年业绩就开始直线下滑。为什么？因为我发现要想赚别人的钱，就要天天服务，跟一些比自己水平低的人待在一起，而时间长了，也就裹足不前了。

后来我告诉自己要不断地花钱，结交优秀的人，购买更优质的服务，于是开始假装很有钱地去花钱。事实证明，虽然收费高的人群里也有滥竽充数者，但多花

钱才能修炼一双识人的慧眼，向优秀的人学习，赚钱能力也会突飞猛进。

如果说读书能让一个人改变，花钱则能让一个人蜕变。学习，重在击碎固有的思维框架，重构思维模式。使你痛苦的东西才能使你强大。

我曾经花了不少钱跟着一位老师学习，当时拎着拉杆箱去银行取钱，要说不心疼是假的，不过我从来不是一个冲动消费的人。在此之前，我仔细思考了半个月，交钱前一天还与太太聊到凌晨 1 点，数度权衡做这件事的风险与价值点。结果是，我从中得到的回报，远远超出为此支付的金钱。

❯ 第二，目标倒推：自问做这件事对不对，而不是贵不贵

如果有个项目需要投资一大笔钱，普通人会看看银行账户上的数字，达不到，就会下意识捂紧钱包。

高手则是另一种思维：当他觉得这个项目可以做时，即使要花 100 万元甚至 1000 万元也值。但是他

没钱怎么办？他会立刻去找兄弟姐妹或七大姑八大姨借，然而借着借着发现这样也凑不齐1000万元，怎么办？那就找银行想办法贷款……在高手心中，做一件事只问对不对，而非贵不贵，这就是有钱人的思维。

步步高集团董事长段永平先生曾说，只要你觉得这件事是对的，那就坚决执行；只要你觉得这件事是错的，赶紧改，因为你越早改，损失越小。

在高手的字典里，没有"做不到"三个字，任何事无非是"做"与"不做"和"怎么做"的问题。而普通人往往受困于金钱、资源等外在条件，还没起步，就畏首畏尾挪不动步。

所谓尽信书不如无书，跟高手学习，我们不但要听他们怎么说，更要看他们怎么做。高手采取的行动背后，一定隐藏着他千锤百炼的思考沉淀。内行看门道，外行看热闹。跟着他们学，照着他们做，才有真收获。

❯ 第三，以小博大：与高手连接的方法

我有一个习惯：只要在公众号上看到一篇特别好的

文章，除了点赞，我还会主动联系作者；如果联系上，彼此加了微信，我会立刻给对方发一句合适的话，并附上一句话：看到您文章的某句或某段话特别受启发，很有收获，谢谢。

这样一来，作者通常会特别开心，如果我有更多疑问，那么趁势简单请教几句，对方一般不会拒绝。如果我还希望跟他（她）深入连接，往往会直接约好时间，当面拜访。

跟高手学习，除了直接拜师成为"入室弟子"，借助不同工具、善用不同场景跟高手建立连接，同样能达到低成本学艺的目的。

几年前，在湖南省图书馆举办的一次线下活动上，来了一位名家，叫唐翼明。

如果你对他不熟悉，他有个弟弟是著名作家唐浩明（著有《曾国藩》《杨度》《张之洞》等）。唐翼明是蜚声海内外的魏晋文化史专家、书法家，兼作中国现当代文学研究。

那次去听唐翼明先生的分享会，我触动很大，一方面被讲座的内容所震撼，一方面为寥寥无几的观众而感慨——一位年逾古稀的老专家在台上分享，结果下面只坐了不到10个人，还有几个是六七十岁的大妈，在那一刹那，我心想，这样的反差太荒诞了。

于是，在中途休息的间隙，我拿着记事本到讲台上找唐老师，我说唐老师您的分享太精彩了，能给我签个名吗？老人家大笔一挥就给我签了个名。

那天我的收获很大，能够结识唐老师是我的荣幸，而在那样一个氛围不佳的场景下，相信我真诚的表达，某种程度上也缓解了唐老师的一丝尴尬。由此我也体会到结交高手时，要掌握一个原则：任何一个人，在不一样的时间、不一样的空间，他的价值筹码是不一样的。

在我生活的城市长沙，经常会有一些畅销书作者来这里的书店签售，我印象很深的一件事，是国内某个领域的资深人士过来做活动时，有一个人买了他30本书，总价不到2000元，却让这位老师非常高兴。

仔细分析，这件事跟钱没关系，跟被支持、被尊重有关系。换到其他场景下，比如你是这位作者的粉丝，一次网购了 30 本书送给朋友或客户，作者知道后，很可能微信上礼貌地说声"谢谢"就没有下文了；但是在新书签售会现场，你一口气买 30 本书，当面向他表示支持，这在作者心里的感受和分量是截然不同的。

因此，下次你想认识高手的时候，记得提前关注高手的自媒体，比如微博、微信公众号、抖音号等，多留言、多互动、在线上多交流，让高手对你有比较好的第一印象，然后积极参加高手的线下活动，尤其要注意"错峰沟通"，那么你就会发现很多高手都将微笑着出现在你面前，而你要付出的代价其实并不高。

高手思维金句

学习，重在击碎固有的思维框架，重构思维
模式。
使你痛苦的东西才能使你强大。

高手思维金句

每个优秀的孩子背后，都有一个"厉害"的家长。这些父母最大的过人之处，不是名气和财富，而是教育思维不走寻常路。

第四章 ‹

逆向思维：

想要出类拔萃，
先与众不同

只有拥有明确的目标、与众不同的思考，才能够在如今
的时代中脱颖而出，无往不利。

——江南春《抢占心智》

在电视剧《大秦帝国》里有一个片段：

秦孝公嬴渠梁去拜访五玄庄庄主百里遥，看到百里遥正在读鬼谷子的著述。秦孝公十分好奇，问："前辈可是鬼谷子高足？"对方却说："鬼谷子大海汪洋，难以尽述，老夫所知，也是九牛一毛……鬼谷子胸罗万象，对弟子学业也因其先天禀赋而授，从不牵强。鬼谷门多有奇才，所学又往往截然相反。世人不知将鬼谷子列为何派何家，只好直呼为鬼谷门。"

艺术源于生活又高于生活，百里遥对鬼谷子的评价，主要体现为胸罗万象，所学所授多跟普通人截然相反，这造成了鬼谷子与普通人之间如汪洋与水滴般的差距。

我对此深有共鸣。根据二八法则，这个世界上 80%
的人都是普通人，只有 20% 的人比较优秀；如果进一步
细分，在 20% 的优秀者中，又有 80% 是寻常优秀，只有
20% 是顶尖高手。这也就意味着，为人处事如果随大流，
很难有所成就；思维和行为跟普通人倒着来，反而有可能
成功。

唯才是用：花钱是投资，而不只是消费

在本书分享的思维方式里，逆向思维是我平时钻研最多，受益也最大的一个。"跟普通人倒着来"，表面看很简单，付诸实践却很难。

趋利避害是人的本能，高手和普通人在思维上的差别，在花钱方面体现得尤为明显。

普通人在花钱的时候，会先看自己的月收入是多少、存款有多少，潜意识里给自己画了一个圈，花钱时无论如何也不要超过能力范围。高手花钱时眼光往往比较长远，比之眼前的投入，他们更在意未来的产出。

华与华营销咨询公司创始人华杉回忆父亲对自己的影响时说，父亲深谋远虑，特别会理财，买什么都买最好的。

"结婚时一般人买一块上海牌的手表就不得了，我爸攒了三年的钱，最后买了一块瑞士的梅花表，那个表当时300多块钱，那是20世纪70年代初。他说上海表（30块钱左右）你买了以后卖给谁去？当时这块梅花表，家里没钱的时候，我拿这个出去能卖200块钱。这是他对钱的概念。后来我们在上海买家具，他买餐桌买的就是红木餐桌，随时可以以10万元的原价拿出，而且一百年后还在。"

高手思考问题不像常人执着于眼前，而是以十年甚至一百年为周期，考虑做每一件事的长期回报，这既体现了一种格局，也是更高明的投资方式。

俞敏洪在筹备公司于美国上市时，有一段时间满世界寻找CFO（首席财务官）。猎头依照他的标准推荐了三位候选人，挨个面试后，俞敏洪挑中了谢东莹。他日后回忆说：

"看到他第一眼，我就觉得他不行。因为他长得不太好看。可现在，他在中国，乃至在全球CFO界都很有名。

他有一只眼睛有点斜，那是天生的，而且他高度近视。这样的形象，投资人见了可能都会在心里打鼓。

但是我在跟他交流的过程中发现，他极其聪明，极其有智慧！他在斯坦福大学读的本科，又在哈佛大学读了MBA（工商管理硕士），还读了伯克利大学的法学博士。他曾在金融投资证券界工作了七八年，所以跟我特别聊得来。

此外，我还发现，他直人快语，说话完全不顾及别人的面子，但是又说得非常到位，看问题能一针见血。所以我觉得，他就是我想要的人。可这三个人中，他的要价是最高的。一般情况下，我们会在基本合格的人选中，选要价最低的，而后来从他身上我得出了一个结论：用人就用最贵、最厉害的。他上来就向我要新东方至少 1.5% 的股份，这是什么概念？当时，新东方 1.5% 的股份可以说是非常大的一笔钱了！"

按照普通人的思维，花钱要讲究性价比，如果几个候选人资质相差无几，那么能节约一点是一点。但是像俞敏洪这样的高手非常善于逆向思维，挑选人才只挑最好，不嫌最贵，哪怕对方的外貌以常规标准来看不敢恭维，也照单全收，因为在高手眼中，才堪重用比物美价廉更重要。

赚钱是一门技术，而花钱是一门艺术。 在普通人看来，花钱只是消费，高手眼里，花钱更多是一种投资行为。跟思维惯性反着来，适时逃避快乐、追求痛苦，最终的收获跟普通人也是不一样的。因为有舍才有得，先舍而后得。根据能量守恒定律，我们花出去的钱、为别人付出的心力，最终一定会回报到自己身上，只是时间早晚的问题。

举个生活中常见的例子。假设有个员工在公司一直默默无闻地做贡献，工作勤勤恳恳，平时乐于助人，不该干的活也揽过来干。普通人也许会笑他傻，但是站在老板的角度，他会觉得这个员工挺不错，工作踏实，也愿意付出。最终这个人可能短时间内没有经济上的回报，但他获得了老板的心，这同样是一种"得"，而且是更高层面的"得"。

对立定位：与显而易见的真理反向走

多数人在年轻的时候起点都差不多，没什么钱和资源，关于未来，方向也不明确。过了五年、十年再看，为什么有些人的财富积累和职位升迁就像坐上火箭，有些人的发展曲线却非常平缓？能否深刻领会并灵活运用逆向思维，是至关重要的一点。

2002 年，不到 30 岁的永怡广告公司总经理江南春在美国营销大师艾·里斯和杰克·特劳特的《定位》一书中看到一个例子：别人都是往东寻找印度，哥伦布却往西寻找，虽然他最后没有找到印度，却发现了新大陆。其实，无论向西走发现什么，哥伦布都会是第一个发现者，他的历史地位是由他与别人反向走而决定的。

这本书及这段文字给了江南春巨大的启示。一年后，他创立了分众传媒。

如果说当时国内广告行业的普遍共识是大众媒体，分众传媒则反其道而行之，致力于做细分传媒。当其他同行都将全部精力放在内容上时，江南春带领团队选择做渠道。不再遵循传统地从地理位置出发做广告分发，而选择从人的角度思考，找到电梯这一核心场景，在公寓楼和写字楼的电梯口，制造人和广告的相遇。

以电梯媒体为主业，江南春成功开创和推动了一个品类，集中引爆了中国两亿都市主流消费群。分众创立短短两年，便成功登录美国纳斯达克证券交易市场，成为第一家在美国上市的中国广告传媒公司。2018 年，分众市值突破 1800 亿元，入选中国大陆民营上市公司市值 20 强。

江南春说，创业要想成功，就在于能否简单地说出你的差异化，找到容易表达的竞争优势。而打造差异化定位的捷径之一就是逆向思维，也叫对立定位法，也即"与显而易见的真理反向走"。

初创企业要想与领导品牌竞争，不能只是跟随，因为模仿者很难成为超越者。在选定强有力的竞争品牌后，自身的品牌主张跟它反着来，而且反差越大越有效，这就是对立定位的精髓。

比如真功夫在确定以洋快餐的领导品牌麦当劳和肯

德基为对立品牌后，品牌定位便不遗余力地跟其反着
来：麦当劳和肯德基主打"炸"薯条，真功夫就主打
"蒸"；洋快餐在大众认知中属于高盐高脂食品，不宜
多吃，真功夫就强调"营养还是蒸的好"。通过对立定
位，真功夫以较小的代价获得了巨大成功。

掌控风险：随时换位，为常人所不能为

　　未来商业的竞争，是从同质化走向差异化，人与人
之间的竞争，也必须颠覆常规，逆向思维，才能出类
拔萃。

　　拿赚钱来说，人人都想赚钱，但普通人只是按部就
班地学习、工作，做"量"的积累。高手却善于另辟
蹊径，洞悉事物本质，勇于做与众不同的事，借此实现
"质"的飞跃。

　　换位思考。随时站在对方的立场，揣摩对方的心
态来考虑问题，想人之所想，为人所不能为，这同样是

一种逆向思维。

做生意，普通人都怕吃亏，高手则主动让利，故意吃亏，这既是为人厚道，也是一种高段位的精明——当每个人都知道跟你合作能占到便宜时，自然会有更多的人愿意跟你合作。

公元前203年，彭城兵败后，项羽的楚军把刘邦困在荥阳。陈平向刘邦献策，提出只需一万金，就可除掉范增。这对当时的刘邦来说不是个小数字，何况陈平绝非自己的心腹，他曾在项羽麾下做事，还犯过经济错误。

按照普通人的思维，花这么大的代价在一个未必可信的人身上，风险巨大，不如放弃，另谋出路。但刘邦不愧是刘邦，思维跟普通人不一样。他马上反问陈平，"把握多大？"回答是两三成。刘邦继续追问，"要是两万金呢？""五成。""四万金？""那肯定成。"于是刘邦跟陈平立下赌局，"我给你四万金……我的赌注是国库的四万金，如果你输了，就要你这条命。"

领命而去的陈平用离间计使得项羽不再信任范增，范增被迫辞官，后病亡。

除了"跟普通人反着来"，逆向思维再往前发展，就是极致思维——不但"反其道而行"，而且"行必行至极致"，深谙此道者将更上一层楼，拥有杀伐决断的"帝王智慧"。

做事既然要颠覆常规，必然会面临巨大的风险。普通人看来，花一万金都不划算，根本不想去做的事，刘邦不但要做，而且要做到达成目的——主动加码到四万金，以便对冲风险，博取"肯定成"这个确定性。

虽说高手都善出奇招，顶尖高手却会不惜一切代价把控风险，确保出招就要出结果。这种魄力胆识非常人能及，是最高阶的一种逆向思维。

培养黑马：让孩子领跑未来的四种方法

电影《死亡诗社》开头有这样一个场景：

在威尔顿贵族学校开学典礼暨建校一百周年华诞的演

讲台上，校长向在座学生提了一个问题，这个问题是每个学生每个新学期开始都会被问到的，那就是："我们学校的四大校训是什么？"之后孩子们齐声回答："传统、荣誉、纪律、卓越。"

　　这是威尔顿贵族学校能成为全美国最好大学预备学校的原因，从中也能看到，不只是中国，欧美名校在培养优秀学生方面与我国殊途同归——大多数学生从小接受的都是标准化教育。也就是成功的方法和路径相对比较确定，只要付出努力，追随外界设定好的议题和节奏，考个好大学，找份好工作，一步步往上走、往前走，就能取得人生的成功。

　　标准化思维是 20 世纪标准化生产方式的产物，旨在通过流水线作业、完善的组织架构和一套便于复制推广的标准，来确保生产效率，提供确定性。但到了 21 世纪，我们生活在一个追求数据化服务的时代，互联网技术、人工智能的发展，使得最有价值和潜力的产品及服务，已经不再是标准化，而是极度个性化的。如果这个时代的教育依然遵循标准化思维，我们的孩子长大后，将很难与机器竞争。

在这样的背景下，在未来要培养出出类拔萃的孩子，就要先人一步，运用逆向思维提前"卡位"。考虑孩子的个性与时代机会的匹配关系，以锻造孩子的竞争优势，培养出领跑未来的黑马型人才。而不是盲目追随大众，把资源消耗在培养更适应工业化生产模式的标准化人才上。

从这个角度来看，**教育领域的逆向思维，正是个性化时代的黑马思维**。为此，家长需要颠覆过往认知，以新的视角和方式来培养孩子。

下面分享四个方法。

＞ 第一，普通家长给孩子报班，优秀家长给自己报班

很多家长总喜欢给孩子多报班参加培训，我习惯反着来，认为最应该培训的是家长。家长培训好了，被教育好了，孩子耳濡目染，很多问题自然没有了，也更容易培养好。

　　说到培训，我在花钱投资自己上向来不遗余力，每年花在买书、听课、结交优秀的人上，费用不低，由此吸取最有智慧的思想，结交不同领域的高手，拓展知识、眼界，从而反哺我的事业。

　　在跟高手交流的时候我有个习惯——只学对方最厉害的前三招，到了第四招我就不学了。因为要吃透一项技能，需耗费诸多时间与精力，但技不贵多而贵精。真正厉害的绝招，有以一当十的功效，好比武侠小说中的主人公，要是学会了乾坤大挪移，或者九阳神功，也就不用学少林七十二绝技了。

　　用逆向思维培养孩子，家长的"定力"是关键。在自我投资时，切记不要贪多求速，跟对老师，吃透一两个核心招式，就足以提升自己、教育孩子。先投资自己，往大了说能提升个人格局和素养，给孩子做榜样；往小了说，能缓解焦虑，避免在教育问题上走弯路。聪明地花钱，反而能帮你省钱。

❯ 第二，好的教育不是让孩子模仿别人，而是成为自己

我们都知道，成功人士的一个特质是非常自信。

从"屡战屡败"到"屡败屡战"，这不是在玩文字游戏，其实质反映了一个人面对失败的心态问题。自信的人，哪怕跌到谷底也不会放弃，只要一息尚存就要着手反击，这就是让对手都害怕的乐观主义。

然而，有些孩子挺自卑的。为什么？因为大多数父母不善于鼓励。举个常见的例子，孩子考试得了99分，很多家长不会说"你真棒"，而是揪着那1分不放，"只差1分就能拿满分，拜托你下次细心点、用功些行不行？"传递给孩子的信息就是，如果自己有一件事做得特别好，父母不会表扬；但若有一件事做得不好，他们就会严厉批评。长此以往，孩子难以建立正确、全面的自我认知，不知道怎样去发挥优势，从而越来越不自信。

在很多家长眼里，世界上最厉害的孩子，就是"别人家的孩子"。跟理想中别人家的孩子一比，自己的孩

子浑身都是缺点。家长的出发点虽好，但爱之深，责之切，无形中却打击了孩子的积极性，让孩子养成一种习惯：以别人为标杆拼命追赶，而不是以自己为原点努力超越。

父母或许是孩子成长路上最大的"风险"。日本哲学家岸见一郎在《不管教的勇气》中说过这样一段话：

孩子的短处或缺点就像是黑暗。黑暗并不是作为实体而存在，所以也就不能像对待具体事物那样去消除它。但是，父母却总是关注孩子的短处或缺点，并试图通过批评来纠正。无论哪一种形式，只要是一味地关注短处或缺点，事态就不会有任何改变。黑暗既无法移走也不能消除。那该怎么办呢？投以光明就可以。

犹太家庭的育儿智慧里也有类似的观点：扬长比避短更有效。只有当弱点成为发展的障碍时，才应得到改善；如果改变只是为了追求完美，那么这种追求反而会成为新的障碍。

就像我们不能苛求一条鱼学会爬树，让一只老虎练习飞翔，家长在跟孩子相处时，不要总盯着短板，要看到长处，或者把看似短处的地方当作长处来看待。因为短板无法通过批评来加长，更何况在孩子年幼时，有些优点和缺点之间没有清晰的边界，是我中有你你中有我，能互相转化的。

孩子注意力不集中，可以看成是有发散性思维；孩子做事没有常性，可以理解为好奇心强，兴趣广泛；孩子屡教不改，说明他很有主见，并且逆商高，抗挫力强……当我们放下对于缺点的成见，看到其中蕴藏的那些闪光点时，就能消除亲子之间剑拔弩张的对立氛围，先全然地接纳孩子，再去考虑如何影响、改变。

好的教育不是让孩子模仿别人，而是成为自己。有句话说，父母之爱子，必为计深远。我们必须认识到，孩子有自己的人生要过，家长的理想、别人的示范，未必是孩子的志向。即使孩子与父母的理想有差距，比如习惯不好，学习不努力，也要去关注眼前这个真实的孩子，别总拿他与理想的、别人家的孩子进行比较。全然接纳，积极鼓励，孩子才会建立不可替代的安全感，靠自己的判断来校准人生方向。

❯ 第三，抢跑，不如慢养

现今，教育焦虑有愈演愈烈的趋势。有段时间太太跟我商量，小区里谁谁家的孩子刚满 6 岁，听说就能做小学二年级的试卷，女儿学习进度太慢，要不要换个辅导老师？朋友谁谁推荐了一个早教课，儿子的年纪正适合，有老师系统地教学，总比在家里随便玩更强。

我研究了相关课程，仔细观察两个孩子在家里的表现后，否定了太太的建议，理由是：女儿年纪小，学英语重在培养语感和兴趣，如果揠苗助长挫伤孩子的积极性，得不偿失。儿子每天在户外玩耍就很高兴，先自由生长，学习知识来日方长。

太太想了想，也接受了我的观点。后来她在一本书上看到一段话，跟我分享，我俩深以为然：

童年的作用不仅是确保孩子在生理上快速苗壮成长，更重要的是让孩子在精神上也能平稳健康地成长。就像直升机可以快速攀升，但飞机可以飞得更远、更高、更久。

飞机飞离跑道需要时间，孩子也需要时间经历童年，慢下来，让孩子去尝试、探索、玩耍、犯错，只有真正有时间做孩子的人，才能成长为一个真正的大人。

时代变化太快，人们无暇等待。我们爱孩子，所以生怕错过机会，害怕孩子失败、受伤害，担心他们被别人比下来。

著名亲子教育专家黄静洁老师在《父母的格局》一书中说，孩子需要慢养，因为人生无法速成。作为家长，我们要相信孩子有自身成长的轨道，我们的一切努力和付出只能成为环境而不是内因；要相信孩子拥有自己的力量，我们只能顺应而不能强迫。

慢下来，遵循孩子的身心发展规律，在日常生活中用心陪伴，在关键节点上巧妙助推，既是教育中重要的逆向思维，也考验着家长的大智慧。

我理解的"慢养"概念，"慢"是指育儿的心态要平和，慢慢来，静待花开。它不是说放任孩子不管，而是不要把行程排得太满，让日常生活节奏慢下来，给孩子自由探索、独立学习成长的机会。

"养"是滋养，在家庭内外营造积极有爱的氛围。用温柔的爱、善意的理解、无条件地支持滋养孩子，让家成为孩子成长的加油站，能随时充电，孩子才能在人生的马拉松赛场跑得更久、更远。

❯ 第四，家长越"弱"，孩子越强

有个妈妈，她有两个女儿，都特别听话。有人问，你是怎么培养孩子的？她说，孩子在两三岁的时候，有一次自己下班后带着孩子去超市，孩子说，"妈妈我累了，妈妈抱我。"她就把孩子抱了起来，然后孩子很甜地说，"妈妈我爱你！"

这时她非常智慧地问了一句，"那你告诉我，你要怎么爱妈妈？"孩子说不知道，于是她问，"妈妈上班累不累？""累。""妈妈穿着高跟鞋，走路方便不方便？""不方便。""那妈妈再这样抱着你，累不累？""累。""那你知道吗，妈妈上了一天班，穿着高跟鞋，本身就很累，你又让我抱，你只要下来自己走，就是爱妈妈。"

孩子听完，立刻说，"妈妈我要下来走"，因为她知道，这样做就是爱妈妈。从那以后，她的孩子再也没有叫父母抱过，平时在家也会帮妈妈做家务，妈妈过生日更会贴心地准备礼物。

这个视频在网上流传甚广，打动了很多家长。生活中，我们本能地愿意为孩子付出，提供无微不至的照顾，做给他们遮风挡雨的大伞。然而，**家长越能干，孩子越懒散；父母越强，孩子越觉得现有的一切都理所应当。**

父母不懂示弱，孩子就会越来越弱。想要孩子变强，我们就要学坐在路边鼓掌的粉丝，而不是随时准备为孩子冲锋陷阵的战士。

比如，平时我们可以跟孩子玩角色互换游戏，让他（她）扮演妈妈或爸爸来照顾自己，从而体会到父母的辛苦。

当孩子遇到难题时，别着急给答案，"这道题妈妈（爸爸）也不会做呢，你能当老师教教我吗？"由此激发孩子独立思考、自主解决问题的热情。

家长状态不好，身体不舒服，不要在孩子面前逞强，告诉他们妈妈（爸爸）病了，孩子会乐于做一个好医生或护士，用心照顾家长。

生活是最好的老师，放手让孩子自己去体验、历练和思考，而不要越俎代庖，他们才会体验到"变强"的美好。

生活是最好的老师，应该放手让孩子自己去
体验、历练和思考。

逆向思维金句

普通人在花钱的时候，会先看自己的月收入是多少、存款有多少，潜意识里给自己画了一个圈，花钱时无论如何也不要超过能力范围。高手花钱时眼光往往比较长远，比之眼前的投入，他们更在意未来的产出。

逆向思维金句

父母不懂示弱，孩子就会越来越弱。想要孩子变强，我们就要学坐在路边鼓掌的粉丝，而不是随时准备为孩子冲锋陷阵的战士。

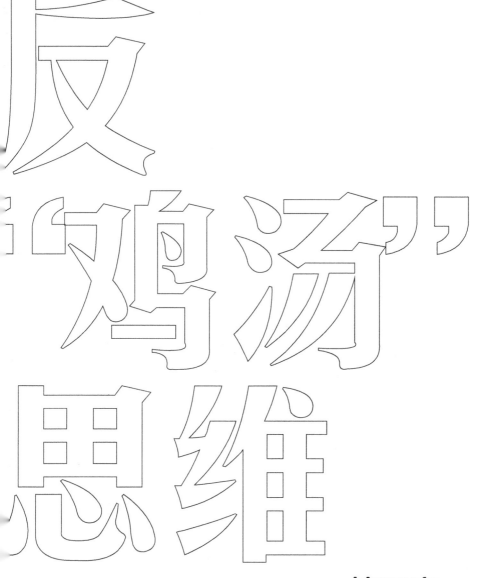

第五章 〈

反"鸡汤"思维：

关于教育的三个误会

三军之众，可使必受敌而无败者，奇正是也；兵之所加，
如以　投卵者，虚实是也。凡战者，以正合，以奇胜。
故善出奇者，无穷如天地，不竭如江海。

——孙子《孙子兵法·兵势篇》

有个小朋友问一位富翁："叔叔，你为什么这么有钱？"

富翁摸摸小朋友的脑袋说："小时候，我和你一样穷，什么也没有，爸爸给我一个苹果，我没有吃，而是把这个苹果卖了，用赚到的钱买了两个苹果，然后又卖了，再买四个苹果……"

小朋友若有所思地说："哦，叔叔，我好像懂了。"

富翁说："你还没听完呢，我后来是因为继承了我爷爷的遗产，所以才成了富翁。"

如果你觉得这个故事好笑，想想自己平时读的那些"鸡汤"，是不是跟故事的前半段有几分相像？如果习惯以结果为导向，把复杂的问题简单化，人的思维会变得狭隘，看问题管中窥豹，不见全貌。

近年来，关于教育的各种流派、新潮观点让人目不暇接。缺乏分辨力的家长，搞不清其中哪些是科学、哪些是讹传、哪些是事实、哪些是演绎，如果定力不够，就容易跑偏。

快乐教育：因材施教，别在该拼搏的时候选择安逸

有一种流行的说法：现在的孩子压力太大，应试教育把一些人培养成书呆子，好奇心和抗压力都不行，所以要推行快乐教育，让孩子随性自由地成长。

很多家长一听，觉得有道理。是啊，当年自己读书，已经领教过应试教育的辛苦。现在条件好了，选择多了，还是施行快乐教育方针，放养孩子，大人小孩都更轻松。

快乐教育原则本身并没有错，问题是，有一些快乐教育只是让孩子随心所欲，没有教他们如何变得优秀，做好从精神到能力上应对外界挑战的准备。

我有一个朋友，两口子工作都很忙，孩子交给老人

带，小学阶段一直是快乐教育——除了校内兴趣班，孩子课余时间大部分都用来玩，想干啥干啥。这样孩子当然开心，老人也省力，家长更是轻松。

危机感在孩子小升初阶段来临。朋友家划片的中学教育质量一般，想去更好的学校就要通过定向招生考试，此外还要综合评估孩子五六年级的各科成绩，包括是否被评为三好学生，有没有突出特长等。

平心而论，这个孩子挺聪明，但之前不做题、没接受系统的辅导培训，临时抱佛脚，跟那帮抢跑了很久的孩子去拼，这就像拿着步枪对战别人的高射炮，输了也是很自然的事。

转学受挫后，不但朋友灰心，他家孩子也挺难过的。不比不知道，一上考场才发现自己有那么多不会做的题，别的孩子考完跟家长讨论答案，自己差点交白卷，这打击了孩子的自信。

之后，这位朋友毅然加入严母行列。她申请调换了一个清闲些的岗位，准备多花时间陪孩子报班学习，从初一开始好好努力，冲刺好高中。

教育孩子，过分努力不行，但太安逸也有问题。

有的家长之所以放养孩子，不是"勤政"的结果，而是"懒政"的后果——没有充分调研导致信息不对称，或者孩子还没到必须直面竞争的年龄，家长觉得来日方长，先让孩子自由发展，结果拖着拖着，就错过了学科启蒙、优培教育的黄金时段。等到不得不面临升学、转学等现实问题，才开始焦虑。

真正的快乐教育，是建立在科学引导基础上的因材施教，是以核心目标为圆心的"抓大放小"。它是对主流教育制度的重要补充或者说缓冲，而不是偃旗息鼓随波逐流。

在此需要明确两点：

❯ 第一，快乐跟学习并非对立

在应试教育体制下成长起来的80、90后家长，都有为了考试拼命做题的痛苦经历，其间老师、家长也会不断强化这一观念——学习就是很辛苦，现在吃苦，等考上好大学、找到好工作就能享福。

"学习 = 痛苦""不学 = 快乐"就像不可磨灭的印记，在代与代之间传递。然而真相不是这样的。**拼命做题未必能拿高分，也可能得抑郁症；而缺乏自律的自由，快乐持续不了太久 —— 没有向上爬的目标，一不留神就会向下走。**不做题就看剧，不打考勤就打游戏，时间一长，离"空心病"[1]"废柴族"[2]也就不远了。

与放纵自由的快乐相对的，是认真做好一件事、达成目标后感到自豪的快乐。就像很多成就优异的人会进入"努力学习—成绩优异—得到表扬—感到自豪—继续努力学习"的正循环，他们不以刻苦念书为苦。因为不断超越自己的快乐，比放任自流的快乐强度更大，也更持久。

比起"学习的时候就要认真学，该玩的时候再痛

---

1. 空心病，价值观缺陷导致部分大学生心理障碍，并称之为"空心病"。

2. "废柴"一词出自粤语，多指无所作为、一无是处之人，贬义词。"废柴族"的说法多用于自嘲或搞笑。

痛快快地玩"，我更建议大家鼓励孩子"在玩中学，在学中玩"。就像带孩子旅行可以增长见识，完成作业解开难题也可以当作在玩闯关游戏。孩子天生期待得到他人的认可，家长应设法让他们在学习过程中感受到进步的喜悦，体会到探索世界、超越自我的快乐。不再把学习当作快乐的敌人，这样才能获得更长久的快乐。

❯ 第二，放飞自我的快乐，是有条件的

放飞自我的快乐，是有条件的。"说什么岁月静好，无非是有人替你负重前行。"若非家境优渥，或天资优越，孩子未来要想在社会上立足，首先需要顺应这个世界的游戏规则，在竞争中占有一席之地，之后才有资本随心所欲。

孩子不能在该奋斗的年纪选择安逸，家长也不能在该拼搏的时候选择放弃。就像语言习有黄金期，家长也要在孩子成长的关键阶段适时发力，让他们感受到努力上进的快乐。不必抢跑，但也别掉队了。

精英教育：量入为出，精神富足胜过物质富庶

美国青春偶像剧《绯闻女孩》(*Gossip Girl*) 讲述了曼哈顿富家子弟的上流生活，整部剧中上流贵族出入各种场合所展现出的完美细节，让观众领略到美国纨绔子弟的生活方式。

如果你据此认为，欧美上流社会的精英（贵族）教育就是用钱堆出来的一派纸醉金迷，那就大错特错了。

事实上，在英美顶级私校流传着这么一句话："4 小时睡眠，4 杯咖啡，GPA（grade point average，平均学分绩点）4.0。"意思是说，如果你想拿到 GPA 4.0 的成绩，每天只能睡 4 小时，困了就要喝 4 杯咖啡。

很多私立贵族学校，明文规定只有在 GCSE（general certificate of secondary education，普通中等教育证书）考试中拿到 6 个 A 才能进入下一级学习，否则就要留级。如果连续留级两年，必须强制退学，给再多钱都没用，因

为成绩差的孩子会影响整个学校的声誉。

跟公立学校有法律法规约束，不能随意开除孩子不同，私立贵族学校有各自选拔人才的机制，严进严出，孩子们在学校里，面对的压力之大可想而知。

这些年，随着留学热以及私立学校、国际学校的兴起，竞争激烈、费用高昂，加上一些家长的攀比心理，"精英教育就是要富养孩子"的观念盛行一时。

有的家长给孩子穿名牌，学习贵族运动，以便培养贵族气质，将来更好地打入精英圈子。其实，真正的**精英教育，物质富足只是基础，更注重的是培养孩子独立坚韧的精神。**

伊顿公学作为英国最著名的贵族中学，以"精英摇篮"闻名世界，每年不到 300 名毕业生中，有 70% 进入世界名校。建校近六百年来，从这里走出过 20 多位英国首相，诗人雪莱、经济学家凯恩斯、英国王子威廉与哈里都是伊顿的毕业生。

伊顿公学附小相当于伊顿的预备校，每年有一半学生（7 岁 – 13 岁）进入伊顿、哈罗等顶尖公学。它是怎么培养人才的呢？有位常年关注英国教育的朋友跟我

分享了一些细节:

学生从 8 岁起全部住校,都是 6 人间、14 人间这样的大宿舍,设施十分简陋。

学生每三周放一次假,平时一周上课七天,一天有三分之一的时间学习,三分之一的时间运动,三分之一的时间自由活动;其文化课每两周进行一次考试并予以排名,所有成绩上墙公布。

校园生活包含几十个运动项目,孩子们每天至少运动两小时,冬天、阴雨天也不例外。哪怕学生运动回来一身泥,洗个澡换上校服,又开开心心去上课了。

…… ……

是不是跟我们想象中贵族学校的学生一身名牌,在挂着水晶吊灯的宽敞教室里琅琅读书画面不符?

说完了英国的贵族公学,再看美国常青藤盟校的学生是怎样的。

一个毕业于布朗大学的中国女孩,在《从常青藤到华尔街》这本书中回溯自己从同学那受到的影响:

我的朋友 J，如此优越的家庭环境，受过良好教育的父母，本可毕业后留在纽约，继续享受"白富美"的生活，却做出了惊人的选择：去印度贫民窟支教两年。更令我惊讶的是，J 的妈妈很支持她这个选择，并引以为荣，动用自己的人脉关系找了很多知名教育家，想让女儿成为一位好教师，在这两年给亚洲贫困地区做贡献。

我想起香港某富豪在拍卖中拍下 3 个亿的粉钻两枚，送给两个还未成年的女儿。当时很多人感叹是"豪举"，然而我在美国看到的最最"豪举"的，是 Facebook（脸书）创始人扎克伯格在女儿出生时捐出了个人几乎全部的财产，用于缩小世界的贫富差距和机会差距，只为了"送给女儿一个更好的世界"。他花了 10 亿美元，想送给女儿一份愿意为了她和其他人自由公平成长的、一个父亲的最大最美好的那份努力。

在布朗大学的四年，我见证了身边太多的"高富帅""白富美"，因为家庭提供了良好的经济条件和自由选择的权利，加上良好的教育背景，最终决定不再为钱打拼，而投身于"为了一个更美的世界"奋斗的事业中。

对真正的精英家庭而言，物质上的富足像一艘船，让孩子得以扬帆远航；而被"富养孩子"观点洗脑的家长，忘记了财富是把双刃剑，以跻身上流社会为目的的富养更像一堵墙，阻断了孩子与真实世界的交往，把他们变成住在玫瑰城堡里的公主王子，沦为消费主义的囚徒，享受以自我为中心的生活，并认为这一切理所当然。

贫穷固然会限制想象力，但决心富养孩子之前，我们也要明白"富足"的真意，即在体格上磨砺孩子，在精神上滋养孩子，让他们成为独立坚韧、丰富完整、感恩进取的人。

新式教育：取长补短，请在安全区努力

前一阵，有朋友拉我参加一所新式学校的推介会，

据说校董是有留洋背景的教育专家，师资力量也很强大。会上，校长激情澎湃地分享了很多创新的教学理念和方法，加上一些成功案例，朋友听完有点动心，问我要不要考虑一下，我回答还是算了吧。

在创业方面我属于比较激进、雷厉风行的类型，但换到两个孩子的教育，我考虑最多的是安全性。传统教育虽有其问题，但经过几十年发展，体制内外的监控调试与配套机制已较为完善，瑕不掩瑜；新式教育起步晚、样本少、经验薄，尽管有其优越性，然而一旦创新失败，我没有那份魄力给孩子的未来兜底。

"要敢于承担风险，因为高风险高收益""要破釜沉舟，做第一个吃螃蟹的人"……日常生活中，这些听上去正确的言辞虽很有煽动力，但等你躬身入局，会发现在这些人激进冒险的行为背后，其实是有安全网的。

很多时候，我们看到的成功只是表象，而真正深层次的东西我们往往接触不到。就像不少年轻人喜欢读成功人士的传记，希望从中学到经验。然而，这些书大都经过人为编改，透过滤镜，真正重要的经验不一定能在书中找到。

新式学校及新式教育问题，那些趋之若鹜的家长，多数早就给孩子拉好一张安全网。

比如，一些计划送孩子出国留学的家庭，家长把孩子送进新式学校的同时，该报的班、该请的私教、该做的留学辅导，也都配齐了。在不偏离大方向的前提下，保持教育方式的灵活度，还是很有必要的。普通家长若没有明确的目标、坚定的意志及相应的经济实力，盲目跟随，一旦船开始漏水，别人有直升机，你只能自己划水。

《孙子兵法》中有句脍炙人口的名言，也是被后人误读最多的一句话："凡战者，以正合，以奇胜。"这里的"奇"，不念 qí，念 jī，是奇数偶数的那个奇，古人又称为"余奇"，指多余的部分。战场上，先把主力部队（正兵）安排好，余下的机动部队（奇兵）等到关键时刻再用，就能孕育出无穷的变化，克敌制胜。

后人把"以奇胜"误读为出奇兵来取胜，是贪巧求速的心理作祟。虽然《孙子兵法》也讲求出其不意、攻其不备，但更强调通过排兵布阵来扩大赢面，而非追求出妙招搞奇袭。

创新有风险，教育无捷径。 如果说传统教育是"正兵"，新式教育就是"奇兵"。只要不偏离既定教育路径，我们完全可以尝试创新的方式，但要注意别把手里的牌一下子打光了。

不要盲目迷信新式教育，就像不要盲目迷信创业鸡汤那样，因为越是你轻易看不到的事实、轻易得不到的信息，越接近事物本质。

很多人创业得到的建议都是先辞职，强调要破釜沉舟孤注一掷，但统计数据表明，跟辞去本职工作而创业的企业家相比，那些继续本职工作而创业的企业家失败的概率要低百分之三十三，也就是成功率要高三分之一。

最好的企业家，不是追逐最大成果，而是努力将风险降到最低。 很多人被创业的心灵鸡汤迷惑，以为创业就是要赌上所有，把自己逼上绝路，最后发现完全没有退路。

　　每个人都有独属于自己的成功方式，其他人的成功很难复制。每个家庭也有独属于自己的教育模式，不要沉迷于他人的成功样本，要学会区分真伪。

反 " 鸡汤 " 思维金句

孩子不能在该奋斗的年纪选择安逸，家长也不能在该拼搏的时候选择放弃。

反 " 鸡汤 " 思维金句

有的家长给孩子穿名牌，学习贵族运动，以便培养贵族气质，将来更好地打入精英圈子。其实，真正的精英教育，物质富足只是基础，更注重的是培养孩子独立坚韧的精神。

反"鸡汤"思维金句

不要盲目迷信新式教育，就像不要盲目迷信创业"鸡汤"那样，因为越是你轻易看不到的事实、轻易得不到的信息，越接近事物本质。

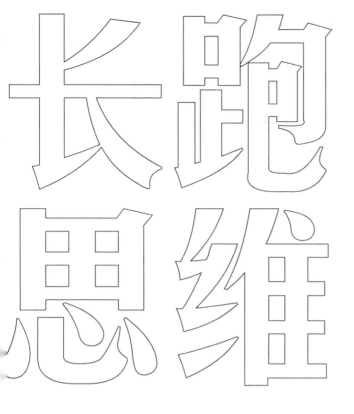

第六章

长跑思维：

教育孩子，
要做难而正确的事

金溪民方仲永，世隶耕。仲永生五年，未尝识书具，忽啼求之。父异焉，借旁近与之，即书诗四句，并自为其名。其诗以养父母、收族为意，传一乡秀才观之。自是指物作诗立就，其文理皆有可观者。邑人奇之，稍稍宾客其父，或以钱币乞之。父利其然也，日扳仲永环谒于邑人，不使学。

余闻之也久。明道中，从先人还家，于舅家见之，十二三矣。令作诗，不能称前时之闻。又七年，还自扬州，复到舅家问焉，曰"泯然众人矣。"

——王安石《伤仲永》

关于教育内卷化[1]有个"剧场效应"的说法：

当一群人坐在一个剧场里看戏，如果第一排观众为了看得更清楚而站起来，第二排观众为了不被挡住，也会站起来，接着是第三排、第四排，直到最后，剧场里所有的观众都站起来，这时大家的视线跟最早一起坐着时是一样的，但效果相同，过程却更累。

---

1. 内卷化，网络流行词，本意是一类文化模式达到了某种最终的形态以后，既没有办法稳定下来，也没有办法转变为新的形态，而只能不断地在内部变得更加复杂的现象。经网络流传，很多高等学校学生用其来指代非理性的内部竞争或"被自愿"竞争。现指同行间竞相付出更多努力以争夺有限资源，从而导致个体"收益努力比"下降的现象。

　　身陷教育"军备竞赛"的家长，已然进入一个恶性循环——你抢跑，我也抢跑，你超前学习，我也加快进度，最后家长学生都很累，却未必能培养出更多更好的人才。

回归基本：比爆发力更重要的是持续力

作为两个孩子的爸爸，我很理解家长的心态——在全民崇尚严父严母的当下，别人都往前迈步，你原地踏步，就等于退步，也算一种输。因此我们生怕来不及，怕孩子被比下去，在激烈竞争中垫底。

平时我工作很忙，两个孩子的教育只抓大方向，细节都是太太在管，所以没被拖拉拽着加入各种学习群、家长帮，得以屏蔽那些不断煽动焦虑的信息。当你从具体事务中跳出来，站在战略层面上考虑时，会比较容易看清，教育孩子，比爆发力更重要的是持续力。短期冲刺固然重要，坚持长跑因势利导，才更符合孩子的身心发展规律。

我们在中学课本中就读过《伤仲永》的故事。北宋政治家、文学家王安石用夹叙夹议的方式指出，就算是真神童，父母若急功近利，缺乏教育策略和远见，天才也可能变庸才，正所谓"小时了了，大未必佳"。

现代科学研究更是表明，孩子在小学三年级之前，抢跑的效果比较明显，之后这一"先发优势"会快速衰减。

儿童发育存在个体差异，1岁就开口说话，跟2岁才张嘴的孩子相比，长大后未必口才更佳。在基本技能习得上，早一点掌握、晚一点掌握，不会有本质差别。真正让学生拉开差距的，是对复杂知识的深度理解能力，包括语言的高级应用、数学和科学的进阶学习等，这些很难靠严厉管教孩子来抢跑，而是需要科学引导。

现在媒体上常有对所谓"天才儿童"的热捧，比如5个月就能说话，1岁开始背诗，2岁认识几千字，等等。我相信这些孩子的确有过人的天资，但是家长过早在公众面前展露孩子的优势，甚至将其当作炫耀乃至盈利的资本，对孩子的未来发展很可能起到反作用。

龟兔赛跑中的主角，不是胜券在握骄傲轻敌的兔子，而是坚持向前反败为胜的乌龟。**教育孩子，不是**

百米冲刺，而是马拉松赛跑，冲在前面的人未必能坚持到最后。漫漫长路，某个阶段你可能领跑，某个阶段也可能沦为陪跑。好在成长并非一锤定音，未来竞争比拼的也不是一时一地的输赢。如果我们希望孩子成为持久闪耀的恒星，而非转瞬即逝的流星，就要具备长跑思维，不过分在意短期的荣誉包括收益，而着眼于长期培养孩子的韧性，提升成长的后劲。

以终为始：先做对的事，再把事做对

创业不能孜孜于赚快钱，要有做百年老店的思维，用高质量的产品和服务赢得人心，因为三流的经营是买卖商品，二流的经营是利益他人，一流的经营是成就生命。

教育不能汲汲于名和利，要用塑造栋梁之材的格局，去释放孩子的天性，抚慰孩子的心灵，塑造孩子的灵魂。有的医生是医病，有的医生是医心，还有的医生是医灵。

长跑思维有两个核心，一个基本点。

两个核心是指在战略规划上，既要以终为始，因势利导，又要以始为终，因材施教；一个基本点是在战略执行上注重软实力的打造，和良好习惯的养成，这能持续为孩子的人生加分。

先看以终为始。这是史蒂芬·科维在《高效能人士的七个习惯》中倡导的一个重要习惯，意思是指，我们在做任何计划时，要先提出目标和愿景，明确终点在哪里，再对症下药去整合资源，制定行动路线。

看到别人学书法，自家孩子也要开始练习；听说别人补英语，自己孩子的线上线下英文课也要配齐……身处信息漩涡，我们的资源和选择比以往任何时代都多，被媒体影响着、被周围人裹挟着，很多教育动作就开始变形了——不是基于自身需要，而是被别人带着走，盲目跟风。这得到的往往不是安全感，反而会越忙越慌乱。

热播电视剧《小欢喜》里，主人公方一凡是典型的差生，上课不专心也不适合读书，成绩差到快要留级，他妈妈跟多数家长一样，第一反应是孩子不争气，一定要从严管教，然后花钱报班、花时间督促，苦口婆心变着花样逼儿子好好读书。可惜孩子的兴趣和优势不在这儿，不管怎么投入，在考试提分上都于事无补。

其实方一凡在跳舞上很有天赋，看一遍舞蹈视频就能学个大概，平时也喜欢看并且爱琢磨。他几次提出打算参加艺考曲线救国，妈妈都没当一回事，觉得不靠谱。

方一凡妈妈的问题，在于执着地"把事情做对"，而没有认真思考"这件事到底对不对"。短期看，追随大众参加高考，无论结果如何，都是简单稳妥的选择；但明知儿子不爱读书，非要迎难而上逼子成龙，长期看反而埋没了孩子的天资。好在她最终认输，孩子也很快在艺考冲刺上表现出过人的天赋，最终取得不错的成绩，实现了梦想。

看这部剧时我就在想，当局者迷，其实很多家长跟方一凡妈妈类似，在设定阶段性教育目标时看不清方向，一不小心就把终点线画错了。

我们常说要"守护初心"，初心就是理想和目标。

明确初心，才能下定决心，排除万难向理想靠近。但是**教育的初心不能掺杂太多家长的私心，至少不能违背孩子的本心**。有时候我们觉得一条路不好走，也许并非孩子不争气、不努力，而是我们选择了一条错误的路让孩子坚持。如果及时转换赛道，换一条路走，没准就豁然开朗了。

电视剧中方一凡爸爸有段话，他说虽然在很多人生阶段，我们需要跟别人"横着比"，但当一个人站在终点回顾人生时，只能跟自己"竖着比"，看自己有没有发挥潜力，离目标还有多少距离。

为人处事，以终为始，意味着保持独立思考，时刻准备去做困难而正确的事。毕竟人生只有一次，现实生活中轻敌到被乌龟反超的兔子太少，家长更好的做法是修改赛制，让乌龟跟兔子比赛游泳，而不是跑步。

以始为终：爱是如他所是，而非如我所愿

董仲蠡在《我是演说家》中说："曾经的我们说读书无用，才学与财富不成正比，造成了这个社会的浮躁状态，然而什么都可以浮躁，唯独教育不可以！"

什么是浮躁的教育？很多家长整天逼孩子用功读书，给他请家教、报辅导班，以为这样就够了。可这不是真正的教育，真正的教育不是逼着孩子好好学习，而是让孩子看到光芒万丈的自己，然后不由自主地想去改变。

在我看来，父母爱孩子有两大支撑：一是能力，二是动力。爱孩子，要如他所是，而非如我所愿。真正的高手都自带发动机，父母用爱发电，看到孩子的能力，帮其树立自信。遇到问题，孩子才会化能力为动力，有勇气迎难而上，破冰成长。

常有家长说自己的孩子学习成绩差，问我有没有补习的好办法。我的建议是：发现孩子的天赋，发挥孩子的优势，发展孩子的本事。

有的孩子语文成绩挺好，数学一般，英语比较差，家长就会天天揪着孩子补数学补英语，哪壶不开提哪壶，补来补去孩子越来越没自信。

正确的做法是，让孩子在语文科目上继续精进，争取从 90 分提高到 95 分、98 分。孩子做自己喜欢又擅长的事，成就感和内驱力都会比较强。如果在语文科目上能成为全班甚至全年级第一，那就等于把优势变成了本事。以后有机会，还可能被推荐去参加作文竞赛、诗词大会之类，单点突破，往往能把一局残棋盘活。

等孩子有了自信，再趁着兴奋劲儿去补数学和英语，他就不会那么排斥。因为有了让自己兴奋的目标作为调剂，不用成天对着让自己头疼的东西，孩子的学习能力也会得到提升，说不定短板很快就能补齐；哪怕没补齐也没关系，因为他在一个领域积累的优势，已经锻造出独当一面的竞争力。

这就是长跑思维里强调的以始为终——基于孩子的天资挖掘潜力，找到孩子的核心价值。然后，在别人看不见的地方努力，在别人看得见的地方绽放。

参加马拉松比赛的选手，如果眼里只有终点，会因路途漫长而丧气；当把注意力放在脚下，享受跑步的过程时，体验征服自身极限的美好，精神上才能不断得到补给。

而要享受过程，没有基于兴趣的优势，很难成。所以家长平时在跟孩子互动时，不仅要用眼"看向"孩子，还要用心"看见"孩子，看他做哪些事能全情投入、乐此不疲，看他遇到哪些挫折时少有畏难情绪，在孩子的天资初露端倪时耐心呵护、精心培养。搞清楚为什么出发，看得清起跑线和终点线在哪，才能更快抵达。

少走弯路：别仓促上路，别害怕退出

朋友圈里有家长吐槽，说跟孩子软磨硬耗三年，终于认输，决定不再学钢琴。下面点赞一片，不少朋友留言，说自己也深受其苦，正在为该继续还是放弃纠结。

　　我很早就知道，学琴是一条艰苦的路，如果资质一般，往往是结果美好，过程痛苦。加上自己艺术细胞有限，从一开始就没打算让孩子走这条路。朋友家的具体情况如何，我是没有发言权的，不过我支持他的选择。

　　经济学上有个概念叫"沉没成本"，是指已经发生但与当前决策无关的费用，也就是已经付出且不可回收的成本。这部分成本从理性上虽然已经"沉没"，但常从感性上影响我们作决策。

　　比如电影院里看到不喜欢的片子，落座后不忍心走，"来都来了，不如咬牙看完吧"；餐厅里吃到不好吃的食物，却舍不得扔掉再点一个，"买都买了，别浪费了"。在决定是否去做一件事的时候，我们不光会看这件事对自己有没有好处，也会评估过去是不是已经在这件事上有投入。如果有，就会表现出风险厌恶，从而倾向于沿着旧轨道继续走，而不果断放弃，开辟新路。

　　很多家长在给孩子报班时比较随意，经过一段时间发现孩子不喜欢，考虑到已经投入的时间精力包括费用，往往会鼓励孩子"再坚持一段试试"。如果孩子比较听话，在家长的劝说下也会努力坚持，但这将使沉没成本越来越高。等积累到一定程度，孩子的兴趣完全丧尽，家长的耐心也全部耗光，这时再想退出，就从一个前期投入不多的尝试，演变为沉没成本巨大的决策。

关于坚持，比较浪漫的说法是"念念不忘，必有回响"，但实际上如果选择错误，念念不忘，只会"死"路一条。家长在以始为终激发孩子的优势时，最容易犯的错误，是入局时盲目乐观，抽身时损失厌恶，这导致在本该刹车时选择冲刺，本该退出时选择坚持，反而容易耽误孩子。

教育要抓大放小，"大"是方向，是优势，"小"是细节，是劣势。找到孩子的优势需要试错。刚开始，家长在能力范围内广撒网多报班，积极让孩子尝试，这并没有错，关键在于一旦发现孩子不喜欢、不擅长，要懂得及时止损。与其盯着孩子的薄弱环节不放，不如彼此放过，别让沉没成本积累到家长和孩子都难以承受的程度。

教育既要以终为始，又要以始为终。在通向目标的路上，如果问题是石头，那就搬开它；如果问题是高墙，那就绕开它；如果问题是必须承受的风刀霜剑，就承受它。明确了起点和终点，就要尽量走直线，别走弯路。

品格塑造：好成绩惠及一时，好习惯点亮一生

有位哈佛校长曾说：什么是教育？教育就是当你把学校教的东西都忘光之后，剩下来的部分。

我们把孩子送进学校，主要是学习知识、技能，考试成绩反映的也是这一层面的能力，但决胜未来职场乃至人生需要的，不只是硬功夫，还有软实力。其中差异，就好比知识和学问、聪明和智慧的差距：

读书能使人掌握知识，读完深入思考，懂得举一反三，知识才能变成学问；学习能让人变得聪明，学以致用，开拓创新，为他人及社会贡献价值，那提升自我的"小聪明"才能成为造福人类的"大智慧"。

长跑思维在战略执行层面，抓手在哪儿？在于从小

培养孩子的优良品质，包括严于律己、宽以待人、团队协作、奉献精神等。尤其在小学阶段，最重要的是要养成好习惯。**播种行为，收获习惯；播种习惯，收获性格；播种性格，收获命运。** 人生是长跑，如果说好成绩能惠及一时，好习惯才能点亮一生。

这样的好习惯包括：自己的事自己做，热爱阅读，从错误中学习，控制自己的情绪，乐于助人，敢于尝试，敢于怀疑……

这里，重点谈谈阅读习惯。

读书是一个人增长学问和见识性价比最高的方式。当孩子养成阅读习惯，爱读书，会读书时，就像打开一扇窗，其他好习惯的养成自然顺理成章。

如果你没时间陪孩子，请让他阅读，书会陪他。一个人在寂寞的时候懂得去读书时，就不会太孤单；

如果你不会教孩子，请教他阅读，书会教他。只要拿起书，他就能与各路大师进行一次免费的深度对话；

如果你害怕有一天自己终将离开孩子，不能再为他出谋划策，遮风挡雨，也请教他阅读。未来不可知，父母不常伴，但我们仍可以培养孩子的阅读习惯，让孩子永远与知识相伴。

经典一部，胜"杂书"万卷

很多人读书颇为用功，书读得不少，却常常是该读的书没有读，不该读的书却读了很多。尤其在现代这个信息发达的社会，除了纸质书，电子书、自媒体文章等也在争夺注意力，古人"手不释卷"，今人则"手不离机"，同样是阅读，效果却有天壤之别。

读书就要读经典，也就是古今中外各个知识领域中那些具有典范性、权威性、经过时间检验的最有价值的书，比如《论语》《古文观止》《三国演义》《红楼梦》等。

即便是经典名著，数量依然很多，那又该怎么选呢？尤其是孩子到了高年级，课业繁重，精力有限，面对大量的推荐书、必读书，我们不但要会选，还要会读。

会选，体现为精选适合孩子的基础书目。

首先是跟升学考试相关的书目，比如《论语》《史记》《唐诗三百首》等。这些书本来就是经典，读通了既能增长知识和见识，另外还能帮助孩子拿高分，是最值得花时间钻研的。

其次是耳熟能详的名著。 四大名著自不必说，阅读外国经典也很重要，像诺贝尔文学奖得奖作品，国外知名作家的代表作等，它们经过无数人的检验，是历史选择出来的好书。

选择名著时要注意两点。**一是家长只负责买书，不要替孩子决策。** 让孩子自主选择，他才会对自己的选择负责，哪怕发现看不下去，为了面子也得坚持。如果是家长选的，就有点完成任务的意思，家长再一逼，再有趣的书，孩子也懒得看了。

二是涉猎要广，书的题材风格尽量多元化。 小说是阅读经典比较好的入门读物，但是同样类型的小说看得多了，即便是经典，也不"解渴"。家长要注意引导孩子适时增加阅读难度，小说看完了可以看历史书，白话文看多了可以看文言文，古今中外交叉着看，由此也方便孩子比照不同经典的特色。

读书贵精不贵多

会读，体现为两个层面，一是学会精读，二是知行合一。

阅读不在数量，而在质量。与其毫无目的地浏览群书，不如有目的性地精读一本书。换到培养孩子的阅读习惯上，要根据年龄把泛读跟精读结合起来：

学龄前的孩子以绘本为主，侧重亲子阅读，激发兴趣；小学低年级要及时引导孩子看"字书"，大量泛读的同时开始学习精读；到了小学高年级则以精读为主，吃透那些打基础的经典书籍。

那怎样做到精读呢？方法有二：一是从头至尾细细品读，二是背诵。

古人说："读书百遍，其义自见。"很多人读书没有恒心，一本书刚看了几页觉得枯燥无味便放下了，从此再没翻开过。这种情形前人谓之"杀书头"，是最坏的读书习惯。

晚清名臣曾国藩曾给自己定下一个读书原则："读书不二：一书未点完，断不看他书。"读书做学问就像涓涓流水，点滴积累才能汇聚成江河。所以我们要鼓励孩子，读书要有耐心和恒心，读不通的地方找工具书、问老师，慢慢把它弄通；读不懂的地方一读再读，不可轻言放弃，慢慢就会懂。

除了从头至尾细细品读，对于经典，还要学会背诵。

古人读书提倡背诵，而近年来，"死记硬背"受到一些家长包括学者的批判，认为随着人工智能的发展，填鸭式记忆会扼杀孩子的创造力。

事实上，记忆是思维的一部分，也是思想的基础。没有好的记忆力，思想几乎无法运作。比如学数学，背不出乘法口诀表，基本运算就无从学起；又如写作文，腹中没有现成的诗文，旁征博引更是无从谈起。

因此，读书一定要强调背诵经典、背诵诗文、背诵名句。古人云，"熟读唐诗三百首，不会作诗也会吟"。小孩子记忆力强，即使不懂，也可以朗朗上口，等到了一定年龄，会自然而然明白其中的含义。

尤其对学习古文来说，现代人缺乏相应的语言环境，要想真正把古文学通、学好，光靠学习文言语法远远不够，日常大量朗读和背诵，才能让孩子的嘴巴和耳朵习惯古文的语法、节奏和腔调，久而久之，就会培养出语感。

具体操作上，幼儿园阶段，可让孩子熟背至少十首打基础的诗文，比如《江南可采莲》《登鹳雀楼》《望庐山瀑布》《春夜喜雨》等。除了字词简单、表达有画面感，家长在选择时还要注意涵盖不同的体裁，乐府、五绝、七绝、五律……每种体裁选一两首代表作，无须详解，让孩子在不知不觉中对古诗词的流变形成一个初步印象。

等孩子进入小学，尽量在低年级就背会中小学阶段需要背诵的古诗词。提前在量上做积累，为后续精读、详解打好基础，等到高年级，在记诵上的压力会小很多。

到了小学高年级，适当引导孩子选择一两位诗人的作品精读。除了代表作，这位诗人的传记、诗集，其他人的述评等，都可找来系统地学习。像李白、苏轼、陆游这一级别的大诗人，深入了解其为人为文，能帮助孩子建立对诗歌及诗人更直观且系统的认知。

最后说说知行合一。

阅读有三大法则，即 123 法则，1 代表学，2 代表悟，3 代表做。

学习是阅读的第一步，也是首要目标。书山有路勤为径，学海无涯苦作舟。家长要鼓励孩子学无止境，活到老学到老。

悟是阅读的第二步，也就是领会精神。通过阅读掌握的知识，要想充分消化吸收，就要动手做笔记、画思维导图，总结出重要的知识点，领会其中深意。阅读之后及时梳理脉络、思考咀嚼，才能提高吸收效率。

做是阅读的第三步，即实践。实践是检验真理的唯一标准，把阅读过程中学到的内容、领悟到的要点活学活用到生活中，举一反三，经过实践的检验，才能确认已经掌握的知识是否真实有效。

长跑思维金句

基于孩子的天资挖掘潜力，找到孩子的核心价值。然后，在别人看不见的地方努力，在别人看得见的地方绽放。

好成绩惠及一时，好习惯点亮一生。

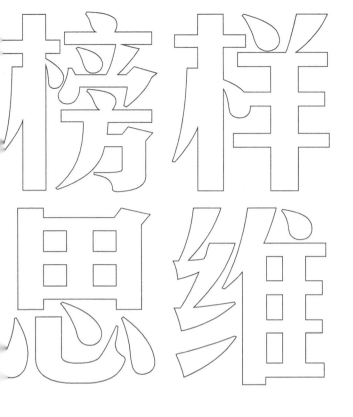

第七章

榜样思维：

父母是孩子的镜子，
孩子是父母的影子

命令只能指挥人，榜样却能吸引人。

——威·亚历山大

为人父母，恐怕是我们一生最复杂、最持久又最幸福的挑战。

从决定生养孩子那刻起，我们就承担了一份责任。当新生命的齿轮开始运转，我们的人生与之咬合交织，此后，这份陪伴、养育、守望的职责，将持续终身。

育儿是一场修行。虽然无须持证上岗，不言而喻的是，父母的言行对子女的成长有着不可估量的影响。家庭是孩子的第一所学校，父母是孩子的第一任老师，家庭教育的好与坏将决定孩子的一生。古今中外不少杰出人物，都把自己的成就归功于父母；同样，在几乎所有的问题儿童身上，都可以找到原生家庭的原因。

教育的五个层次：爱孩子是本能，滋养孩子是智慧

　　《人民日报》曾刊载过一篇题为《教育改革要从家长教育开始》的文章，指出家长有五个层次：

- 第一层次：舍得给孩子花钱。
- 第二层次：舍得为孩子花时间。
- 第三层次：家长开始思考教育的目标问题。
- 第四层次：家长为了教育孩子而提升和完善自己。
- 第五层次：父母尽己所能支持孩子成为最好的自己，也以身作则支持孩子成为真正的自己。

　　其中第一个层次，舍得给孩子花钱。创造能力范围内最好的物质条件，源自父母爱之本能，是每个家庭

都不假思索去做的事。

第二层次，舍得为孩子花时间。就此，不少中产家庭也已渐成趋势。意识到早期教育对孩子一生的影响，越来越多的妈妈包括爸爸选择暂停职业生涯，给孩子更好的照料和陪伴。与此同时，科学教育理念及多元实践在全社会的推行，也给了家长更多选择权，在第三层次上审慎思考教育目标，助推孩子的成长。

在我看来，真正拉开教育差距的是第四、第五层次。

跟花钱给孩子报辅导班、花时间陪他们写作业相比，教育孩子的同时提升并完善自己，对家长来说既缺乏可量化的指标，难度系数也较高。

如果是双职工家庭，夫妻双方在不影响工作的前提下，接送孩子上下学、完成校内外各种作业，已经非常考验时间管理能力与统筹效率。每天起早贪黑，早出晚归，等孩子熄灯上床，自己累得只想在沙发上躺着，什么学习、充电，就像诗和远方，沦为可望而不可即的美好念想。

如果夫妻一方全职带娃，另一方要独自扛起全家的生活，难免出现"丧偶式育儿"。而选择带娃的一方，"带好孩子"同样是一份全年无休、24 小时待命的全职。于是夫妻双方自我完善的目标，逐渐成为提升赚钱能力，给家人更多安全感，以及提升操持家务的效率，让配偶更好地休息，让孩子更好地学习。

有心无力，是为人父母的"大考"之一。很多父母因此懒得教育，甚至放弃教育，只要孩子吃饱穿暖、听话就行，试问这样的父母又怎么能培养出优秀的孩子？孩子成天看着自己的父母为琐事忙碌逃避思考，又怎么会开动脑筋，进而学习独立自主？

解题思路在于"减负"。中国家长习惯为孩子付出，在生活细节上给予无微不至的关注。在《格局思维》一章里我提到，要用大格局育人，而不是用小视角养儿。给孩子食物可以让他长大，给孩子思想可以让他伟大。父母的价值，在于滋养孩子的生命根基，给其阳光、水分、能力、信任，而不是修剪孩子的枝叶。因为真正的参天大树，都是植根于大地傲然于天地，从没见过哪个景观植物，可以傲然百年。

社会各界一直呼吁的"教育减负"，不光需要减少繁重的课业给孩子更多闲暇时间，家长也要学会从繁重的养育事务中抽身，投入教育中；不只抚养孩子长大，还要滋养孩子成人。如此才能跳出只关注孩子成长的奉献型家长角色，成为跟孩子共同成长的智慧型家长。

父母是孩子的镜子，孩子是父母的影子。现实中很多家长重言传，轻身教，这是一种缺乏力量的教育。教育的真正力量，源自榜样的力量。与其发号施令，不如身体力行。为人父母，当我们践行终身成长时，孩子才愿意跟随、模仿。

你"迷"谁，就会成为谁。作为孩子生命之初的偶像，家长具备榜样思维，才能抵御日常生活的琐碎，给予孩子更深沉、珍贵的生命智慧。

家长的两大挑战：榜样不是天上的太阳，而是身边的阳光

若要评选 21 世纪的教育谎言，"别让孩子输在起跑线上"大概位列前三。

孩子成长真正的起跑线是什么？不是营养液、早教班，而是父母的思维，是父母作为榜样的力量——父母的经济能力、学识修养、道德三观、眼界品位，决定了孩子从哪开始跑、往哪跑、怎么跑。

"教养"这个词若拆开来看，"教"是指"教育"，"养"则是"滋养"。所谓榜样，不是立一个高高在上的如太阳般的标杆，让孩子抬头仰望，而是以身作则在孩子身旁营造积极的能量场，将父母推崇的价值观像阳光一样弥散，让孩子浸润其间，潜移默化中受到滋养。

如果说奉献型家长的问题是"有心无力"，智慧型家长的挑战，在于能否迈过"有勇无谋"这道坎。

作为父母，我们和孩子一样，也有知识不足、能力不够、阅历尚浅的问题，我们也会犯错，并不完美。但"榜样"是一个容易让人有压力的词，为了让孩子看到世界美好的样子，一些家长会有意无意地掩饰或粉饰现实。

有一道题：如果家里不富裕，该不该告诉孩子？这戳到了不少家长的痛处——虽然家里不富裕，哪怕节衣缩食也要满足孩子，以免他们从小感到自卑。

孩子不傻，他们会思考、观察，他们终会长大。

家长努力掩饰事实，只会让不懂事的孩子伸出过度索取的手，让懂事的孩子闭上欲言又止的嘴，其结果是在父母和子女之间筑起一道墙，亲子关系不再是有来有往，而是你推我挡。

为人父母，我们都希望成为孩子的朋友。但别忘了，真实，是开启真诚对话的钥匙。教育孩子的过程中，我们应该保持心态放松，承认现实的不完美，击退内心的自卑，然后逆流而上，努力改变现状：

如果经济条件一般，不要轻易砸锅卖铁去买学区房，最好的学区房其实是家里的书房；

如果某个领域自己不擅长，不要在孩子面前伪装内行。让孩子看到父母也有无知、脆弱的地方，他们才会乐于求知，学会坚强。

有句话：做人不要完美，因为完美的人无路可退。教育也一样，榜样思维不是偶像思维，父母不需要完美，太完美的家长会让孩子自惭形秽，就像一座无法逾越的高山，不完美的家长却能激发出孩子翻山越岭的力量，跟孩子共同成长。

父母送给我的三个锦囊：教育是用生命影响生命

我老家在农村，父母文化程度不高，更谈不上有什么教育理念，他们最大的愿望就是孩子长大后要走出山村，不再种地为生。回忆过去，父母对我最大的影响在于价值观，也可说是做人做事的信念。

人们常说，信念决定命运，一个人有什么样的信念，就有什么样的命运。我之所以能突破起点不高、资源有限的局限，取得今天的成绩，受教于父母的三个信念，可以说它是我人生逆袭的起点。

❯ 第一，最大的聪明是善良

我爸爸曾经在村里当屠户，因为经常在邻里几个村走动贩卖猪肉，所以他跟很多人都很熟。既然是熟人，做生意难免遇到赊账。小时候我印象中每到年底，爸爸就要提前给别人去拜年，也就是讨债。又因为他同时也欠着别人的"猪本"，也就是买猪的本钱，所以与此同时也有人上我家来讨债。甚至大年三十那天还有人来讨钱，爸爸不在，对方就在我们家坐着，等着拿钱。我妈妈经常开玩笑，说他自从做了生意，每到年底就帮别人去拜年了。

做这种小本生意，客户特别分散，我爸爸后来简直成了活地图，哪个村哪户人家住在哪、什么情况，他都很清楚。但是他每次去讨债时，都有人不但还不起钱，而且没米下锅，年关难过。每到这种时候，爸爸就觉得他们特别可怜，虽然自己也挺不容易，但他会拿出一部分要来的钱借给对方，还宽慰说"不管怎么样，过了年再说"。

按照今天的观念，自己没要到钱还倒贴借给人家，这种行为简直太傻了，但是我爸乐此不疲，不是一次两次，而是一辈子都是这么做的。

正因如此，他后来结识了一个朋友，我管他叫叔叔。叔叔姓陈，在我们当地一个矿区当工人，他经常去我爸那赊账买猪肉。但其实他不仅买不起猪肉，连蔬菜也买不起，于是经常找我爸借钱。也就是说，猪肉从你这赊账，蔬菜还从你这借钱，我爸从来没有怨言。后来这个叔叔发迹了，从打工仔变成老板，手头越来越宽裕，由于感念我爸在他最穷困潦倒时给予帮助，俩人成了铁杆兄弟。

我家虽然不是特别穷，但"得益于"我爸的乐善好施，加上要供两个孩子读书，经济上还是比较吃力。后来每次家里需要借钱，爸爸都会找这个叔叔，对方每次都很爽快。等到我读高中时，他还会主动借钱，让我改善伙食。

我爸很善良，我妈也一样。看到丈夫讨债不成反而借钱给别人，换到有些女人，估计会大吵一架。但我妈不是这样，她默许我爸这样做，哪怕每年除夕前都要独自在家跟不断登门讨债的人周旋，依然没有怨言。除此之外，当时每个村都有一些非常可怜的老人，比如子女走得早、不孝顺，或者也很穷的，我妈十分同情他们，每次遇到，都会拿钱给对方，而且出手大方。

父亲有句口头禅，"看到可怜人，能帮就帮人家一把。"父母为人处事的善良基因，也在我内心深处打下了深刻烙印。

现在流行一句话：始于颜值，陷于才华，终于人品。职场上，人们习惯在颜值上修饰自己，在能力上凸显自己。激烈竞争下，人品反而成为看不见摸不着的稀缺品，其实它成本最低，威力却最大。

很多家长都希望自己的孩子聪明。其实，善良才是最大的聪明，它超越年龄、身份，是我们为人的本分。

善良的品质是一个人在社会上立足的重要依持，家长在这方面做好榜样，与人为善，孩子日后哪怕没有大成，至少能成为一个受欢迎、被尊重的人。

〉第二，"最难的关是钱关"

现在流行从小对孩子进行财商教育，但我认为，在学习各种经济概念之前，家长需要率先垂范，帮助孩子树立正确的金钱观念。

我爸爸这辈子财运平平，他常挂在嘴边的一句话是"钱这东西生不带来死不带去，够吃够用就行"。他对钱的洒脱态度，以及乐善好施的行为，潜移默化影响到我。刚工作那几年没什么积蓄，但在结交高手、投资大脑方面，从不吝啬。

曾经的世界首富洛克菲勒曾说：

"即使你们把我身上的衣服剥得精光，然后把我扔在撒哈拉沙漠的中心地带，但只要有一只商队从我身边路过，我就会成为一个新的阿拉德勇士。"

洛克菲勒的自信，来自他头脑中的智慧。**投资大脑，是最安全的投资，也是最赚钱的投资。**然而，受父辈勤俭节约意识的影响，一些 80、90 后的家长，跟孩子聊起投资就害怕骗子，提到花钱就担心浪费。稳健型的理财方式固然是生活的重要保障，但我们也需要在此基础上对束缚自己手脚的一些思维、行为方式发出挑战，让金钱创造出更大的价值。

一些人的大方是嘴上大方，等到真要花钱的时候就束手束脚，不敢给自己、给别人花钱。

在我看来，一个人越没钱越要去花钱。尤其是聪明地花钱，让自己更值钱。好比一个普通的玻璃杯，只值 10 块钱；如果给它镶个金边，就值 100 块了；如果再找个名人在上面题个字，价值再涨 10 倍也是有可能的。

当我们舍得花钱投资自己，懂得用心包装自己时，就会越来越值钱。某种程度上也可以说，花得更多，你才值得更多；值得更多，你才能赚到更多。

有人可能会问：没钱怎么花钱？我的观点是：即使破产成了穷光蛋，一无所有，去挣钱，不怨天尤人。因为财富和机会不能从天而降。害怕而待在家，最终结果即便不饿死在家，肯定也会越来越穷。

与之相对，更具建设性的思维方式是："今天虽然我没钱，但哪怕是借钱，我也要去花钱。"比如说从亲戚朋友那借一万元，把交通食宿成本压到最低，然后完全可以用这笔钱去结交、请教一些优秀的人，跟他们发生连接，在沟通过程中发现机会。如果有合作机会一起赚到钱，只要利润超过一万元，那么把借来的钱还掉，又有了本金来启动新项目，然后量入为出，像滚雪球一般慢慢去赚更多的钱。

华为老总任正非有句话非常经典，他说花钱是什么，花钱是去买一种可能。很多时候如果不去花钱，没有这个前置动作，我们就没有任何突围、改变的可能。

从这个意义上，我们说人的成长要破"钱关"。钱是工具，年轻的时候，不要一味储蓄，让一部分钱流动起来，投资自己，投资人际关系，这样钱才会增值，人也才会更值钱。如果家长在这方面做到位，自己与孩子的人生一定能取得非凡的成就。而家长留给孩子的最大财富，其实不是写着巨额数字的银行账户，而是一个聪明花钱的方法，以及对金钱洒脱的态度。

❯ 第三，最核心的竞争力是自己

小时候父母经常跟我说：靠天靠地不如靠自己。又因为他们没什么文化，还要忙于农活和生计，基本没管过我的学习。直到我考上大学走向社会，人生的重大选择都是自己做出的。可以说父母无意识地抓大放小，促使我学会了独立思考。

跟那个年代的多数人一样，父母除了善良，还很勤劳，无论做生意还是种地，做什么都尽心尽力，并且甘之如饴。母亲常说，"人只要有本事，什么都不怕。"地种得比别人好，就能多收获粮食；做生意比别人勤快，就能多谈成几桩买卖。这一朴素的智慧，让我从小就明白，一个人最核心的竞争力不是资源、关系，而是自己。

《论语》中说，"人不患无位，患所以立；不患莫己知，求为可知也。"这句话也是我为人处事的座右铭之一。创业过程中遇到困难，不怕敌人强大，就怕自己不争气，没本事迎敌；不愁别人不知道自己，只愁自己的本领，担负不起外在的声名。

《孙子兵法》中说："不可胜在己，可胜在敌。"意思是人只能管好自己，管不了别人；先锤炼自己，让自身无懈可击，再观察别人，找到对手的漏洞攻击，如此才能取得胜利。

"我"，是一切的根源。如果我们一直致力于提升自己，提升自己的核心竞争力，既有克敌制胜的本事，也有虽败犹荣的意识，就能永远立于不败之地。

家长具备这样的信念，孩子也能在耳濡目染中懂得何谓"谋事在人，成事在天"。遇到任何挑战，先做好

自己，至于其他，尽人事听天命，这样获得的成功，才
是最幸福的。

教育是条漫长的路，榜样是捷径。

一个人最大的聪明是善良，世上最难的关是"钱
关"，人最核心的竞争力是自己——父母送给我的三个
锦囊，我铭记于心。与此同时，它也告诉我们，即使
再平凡的家长，也能用自己的方式滋养孩子成长。

教育就是用生命影响生命。做一个努力精进的大
人，我们不但是孩子眼里的榜样，也能成为他们心中的
偶像。

榜样思维金句

教育就是用生命影响生命。做一个努力精进
的大人，我们不但是孩子眼里的榜样，也能
成为他们心中的偶像。

最好的教育是言传身教，最好的学习是耳濡目染。

榜样思维金句

父母不需要完美，太完美的家长会让孩子自惭形秽，就像一座无法逾越的高山；不完美的家长却能激发出孩子翻山越岭的力量，跟孩子共同成长。

第八章 ‹

学霸思维：

好成绩背后的秘密

取法于上，仅得为中，
取法于中，故为其下。

——唐太宗《帝范·卷四》

你有没有过不管怎么努力，都会被学霸碾压的经历？

作为差等生心头的阴霾、中等生眼里的大神，学霸从小就集师长宠爱和同龄人的羡慕于一身。面对他们，普通人往往自惭形秽。

如果说求学阶段，学霸是当仁不让的偶像示范生，等到成年后步入社会，有的学霸光环褪去，展现出多方面的普通——什么高分低能、傲娇不合群、逆商低……聚光灯下多是非，成为学霸，多少有种"欲戴王冠，必承其重"的意味。

我曾以全镇第一名的中考成绩考入湖南省某重点高中，

高中阶段一直名列全校前三。当年也算是个学霸，不过在分析研究了很多学霸的成长模式后，我发现比学霸身份更重要的是学霸思维。思维方式是根，知识和方法是叶。如果根不长，学再多的知识和方法都是徒劳，这正是真学霸和伪学霸的差异所在。

目标设定：学霸的三种类型

学霸分三种。

小神童

天生智力超群，学什么都快，一道题别人绞尽脑汁做不出来，他们看一眼就能给出三种解法。这类人是基因里就刻上了"学霸"二字的，普通人除了仰视，没法复制。

人造学霸

他们天资不错，但论智力优势，跟普通人相比差别不大，在父母严厉的敦促下，成了学霸。

人造学霸虽然冒尖早，但后劲小。其标志是推一推、动一动，以及以结果为导向。这类学生习惯以自我为中心，缺乏对知识的好奇心。尽管也愿意为达成某个目标下苦功，但由于内在评价系统不完善，更多倚赖外界奖赏，所以做成了成就感也未必强，做不成却很容易受内伤。

常人眼里"高分低能"的学霸，就以这类居多，我称之为"伪学霸"。他们小时候被逼着大量做题，被迫磨洋工，从没好好玩过，等到了大学不受父母约束，以前被压抑的情绪和欲望多半会反弹——不好好学习，熬夜打游戏，考试前临时突击；习惯了众星捧月，跟周围人相处常常我行我素，智商情商表现得皆不如人意。

真学霸

他们有三高：高分数、高能力、高主动性。不但学习成绩好，也有自己的特长爱好，对外部世界有好奇心，会学也会玩——在课堂上是领头羊，放学后也能当孩子王。

单从学习成绩上看，跟小神童、人造学霸比，真学霸可能并不是最拔尖的，但他胜在没有特别明显的短板。由于兴趣广泛，他们在人际关系、适应性上比较强，是三种学霸中最受人欢迎的类型。

相信你已经看出来，小神童很难后天培养，人造学霸属于揠苗助长，真学霸才是我们应该且能够复制的类型。

那么，以真学霸为目标培养孩子，会不会太贪心了？

早在一千多年前，唐太宗李世民就在《帝范·卷四》中写道："取法于上，仅得为中，取法于中，故为其下。""学霸"这个词，"学"是过程，"霸"是结果。当我们在果上随缘，因上努力时，即便最终跟真正的学霸比仍有差距，但综合实力的提升，也能让孩子受益终身。

在我看来，**教育的最终目的不是选拔天才，而是培养人才。**让普通人超越个体局限变得优异，比沙子里挑金子更有普适性。从这个角度看，学霸思维的着力点不是横向跟他人比，而是纵向跟自己比，激发孩子勤奋学习、自主上进的霸气；应该以锻造优秀的普通人为目的，通过科学的方法，挖掘个体潜力，让每个孩子成为更好的自己。

成绩魔法：怎样让孩子爱上学习

有句话流传很广："比你聪明的人比你更努力。"一些人深以为然，恨不得裱起来挂在书房，让孩子没事就盯着看。但若方法不对，摆出努力的造型，缺少学习的模型，结果没有学霸的命，倒容易得学霸的病——没日没夜啃书本，眼睛高度近视，成绩还是老样子。

前面说到，学霸跟一般生的深层差异不是努力程度，而是思维方式。一方面我们的确要努力投入时间精力，学习就像做乘法，时间乘以技巧等于成果，如果时间为零，技巧分值再高，成果也只能是零。

另一方面也要看到，"比你聪明的人比你更努力"的潜台词是，会学习的人善于聪明地努力。因此，我们既不要迷信天赋，也不要迷信努力，既要尊重概率，也要坚守规律，在正确的方向上用正确的方法努力，这样才能见招拆招，缩短普通学生和优秀学生的差距。

一些孩子不爱学习，除了家长逼得太紧，很重要的一点是没有找到最适合自己的学习区。老师上课教的东西早就会了，回家还要一遍遍重复同样的练习，久了就失了热情；家长布置的作业又太难了，做一题错一题，又很丧气。学习过程中，情绪在极度松弛与过分紧张中摆荡，别说是孩子，家长都会情绪烦乱。

在认知领域，有效教学循环理念的实践者，美国密歇根商学院教授诺尔·迪奇（Noel M. Tichy）提出过一个著名的学习三区理论。他把知识和技能的学习分成一环套一环的三个圆形区域，分别代表舒适区、学习区和恐慌区。

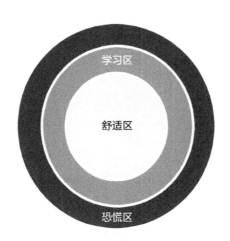

其中最内层是**舒适区**。孩子对于这个区域的知识和技能已经很熟悉，达到熟练掌握的程度。比如一种类型的题做得多了，再扔一个新题过来，用一个公式套不同的数字，就能得出答案。舒适区让孩子有一切尽在掌握、得心应手的感觉，不过在里面待久了，也会无聊腻烦。

最外层是恐慌区。这个区域的知识和技能已经超出孩子的能力和理解力。比如让一个一年级的小学生去做五年级的奥数题，他可能连题目都读不懂。这时候即便家长耐心讲解，他还是一脸迷惑，如果家长再严厉一些，孩子无力反抗，就会产生恐慌和挫败感。

处在舒适区和恐慌区之间的地带是**学习区**。其中的知识和技能比较适合孩子目前的能力，既有挑战又不会太难，能帮助孩子成长。只要在家长或老师的指导下，开展针对性的练习，孩子就能攻克难关并获得成就感。

与"三区理论"对应，我总结出学习的三种类型：郊游型、溺水型、登山型。

在舒适区里学习就像郊游。在熟悉的地盘、惬意的风景中东游西逛，没有思想包袱，心旷神怡。这对消除精神压力来说短期有好处，但长期来看体能消耗低，舒服的日子过久了，人容易倦怠。

在恐慌区里学习就像溺水。 水深不见底，临渊让人倒抽一口凉气。如果不会游泳，一旦失足掉进去，即使边上有人等着救你，也会吓掉半条小命。所以练好泳技之前，普通人最好离恐慌区远一点。

在学习区里学习就像登山。 事前做好充分准备，过程中保持愉快的心情，有条不紊，一步一个脚印。渴了就喝水，累了就休息一下。无限风光在险峰，当你按照自己的节奏登上山顶，克服困难、超越自我时，那种成就感无与伦比。

理解了"三区理论"，反观我们在督促孩子学习上的言行，就比较容易看出问题。

有的家长只顾鞭策孩子努力，却没有找到适合孩子的努力区域。比如很多孩子看似在勤奋地做题，其实一直待在舒适区里，短时间内提分效果显著，时间一长由于缺乏新的刺激和挑战，孩子会感到无聊，成绩的天花板也很快就到。

还有一些家长误以为学习的内容越多、题目越难，孩子成长越快，于是经常逼孩子做一些超出他们当下认知水平和能力范围的题目，或者去上一些更高阶的课程，把孩子推进恐慌区，导致他们学习起来很吃力，开始厌学或自我否定。

哈佛大学心理学教授，同时也是《哈佛幸福课》作者丹·吉尔伯特说，"人们在被赋予难度适当但是可以达成目标的挑战时，感到最快乐。"

要让孩子爱上学习，就要帮助他们突破舒适区，待在学习区里努力。在把学习区变成新的舒适区之前，避免接触恐慌区。既有挑战又能获得成长，孩子才会慢慢积累自信，培养对学习的兴趣。

那怎么找到孩子的学习区呢？有一个 85% 法则。

研究人员发现：当一个人开始学习一项新的知识和技能时，如果其中 85% 的内容是他已经熟悉并熟练掌握的，就能达到最佳训练的出错率。也就是说，当孩子的学习内容中只有 15% 是全新、有挑战性的时，他们才不会因为太简单而不屑于学习，或者因为太难而想要放弃。

参照 85% 法则，我们可以这么做：

● 给孩子布置作业时，如果总时长是一个小时，那么先用 85% 的时间，也就是 50 分钟左右完成课内练习，再用 15% 的时间，也就是 10 分钟左右挑战更有难度的题目。

● 让孩子温习功课时，先用 85% 的时间复习已经学过的内容，再用 15% 的时间预习新内容。

● 遇到孩子感觉困难的任务，帮助他们拆解目标。比如一篇 1000 字的作文，可以拆成开头、中间、结尾三个部分，安排好相应的字数。然后跟孩子约定，其中 850 字（85%）左右的篇幅可以写他熟悉的事物，余下 150 字（15%）左右需要发挥想象，尝试之前没写过的内容。

如果把学习比作打游戏，层层通关、逐级而上才有乐趣。让孩子爱上学习，先要让学习在孩子眼中变得可爱才行。

很多时候，孩子没兴趣，是没有从学习中持续获得成就感，实现正循环。兴趣决定意愿，方法影响效果，家长多关注孩子的学习状态，科学引导，积极陪伴，能力匹配加上方向正确，就能变被动学习为主动学习。

科学记忆：三招打造可复制的学习力

很多家长抱怨孩子记忆力不行，这堂课学的东西，下堂课就忘了；明明会做的题，一到考试又都还给了老师。有人还曾特别严肃地向我取经：是不是孩子天生记忆力差，要不要吃点啥补充一下？

被商家"快速补脑""提高记忆力"的广告煽动之前，请先捂紧钱包，听我讲个故事。

据说钱锺书先生博闻强识，但一生都不藏书，因为他有照相机般的记忆力。事实上，钱先生并没有过目不忘的"超强大脑"，而是通过做读书笔记来消化吸收知识。

钱锺书留下的读书笔记规模之大，在中国学者中数一数二。目前找到的他亲手所写的笔记，有将近300个笔记本，后被出版成 70 多本书，高达数千万字，它们搭建起钱先生的知识管理系统，是他一生做学问的根本。

钱先生做笔记时，不但摘抄原文，方便日后查阅和对照，还会大段记录读后感，平时常看常新，有需要随时能找到。他有 20 多个带目录的笔记本，是在原始笔记基础上经过重新思考编排而成，类似半成品的学术著作。著名的《管锥编》，高达 130 万字的巨著，就是钱先生在家徒四壁的情况下，靠着几麻袋笔记本完成的。

国学大师钱穆曾说："古往今来有大成就者，诀窍无他，都是能人肯下笨功。"每个厉害的人都曾是"蜗牛"，提高记忆力没有捷径，靠补脑是补不出来的，但可以像钱锺书先生那样，靠"笨功"练出来。

如果把"记忆"拆成"记"和"忆"，它们分别代表了高效学习的两个核心步骤，一是记录，搜集整理新知；二是回忆，提升知识留存率。具体到孩子的日常学习，就是要学会科学地做课堂笔记，并且及时复盘整理，加深记忆。

❯ 课堂记录：用康奈尔笔记法高效学习

从知识获取的源头分析，孩子记忆力不行，可能是不善于做课堂笔记。比如一些孩子会工工整整地抄板书。板书上确实有重要的知识点，但板书分享遵循的是老师的表达输出逻辑，而非学生的消化理解逻辑，原样照搬的话，缺少主动分析思考这一环，难免降低记忆效率。

要从被动填鸭，转变为主动消化，可以试试康奈尔笔记法，也称5R笔记法，它是由研发这套方法的美国康奈尔大学命名的，强调把记录与学习、思考与运用紧密相合。

家长可以给孩子买一个康奈尔笔记本，或者用常规笔记本自己动手画一本。方法如下：

用横线把一页纸分成三个部分，右上方最大的空间是记录区，按照个人习惯做随堂笔记即可。左上方留出大概三分之一的空间作为线索区，用来归纳整理右边记录区里的内容。下面大概四分之一的空间是总结区，记录对这堂课的思考和疑问。

康奈尔笔记法

线索栏：

2.简化（Reduce）

3.背诵（Recite）

笔记栏：

1.记录（Record）

总结栏：

4.思考（Reflect）　　5.复习（Review）

康奈尔笔记法有五个步骤，也可以说是要点：

1.记录。在听课过程中，在记录区内尽量快速地记录有意义的知识、概念等。最好不要照抄板书或者摘抄课本，可以用一些符号对内容做标注，比如星星代表重要知识点，三角形代表还没完全掌握的知识，提高效率的同时方便课后回顾。

2.简化。下课后，尽快用自己的语言和思路，归纳整理这些信息，在线索区记下提纲挈领的要点。

3.复述。把记录区遮住，根据线索区里的摘要提示，尽量完整地复述课堂上讲过的内容。

4. 思考。在消化理解所学的基础上进行深度思考，把自己的心得体会、疑问等记在总结区，达到查漏补缺或举一反三的效果。可以添加标题或索引，方便查询。

5. 复习。每天或每周花十分钟左右，复习笔记。顺序是先看线索区和思考区，再酌情浏览记录区。

跟普通的随堂笔记相比，康奈尔笔记法最大的亮点，是借助主动归纳与复盘，帮助孩子消化所学，加深对相关知识概念的理解。线索区和总结区的设计，促使孩子用自己的语言输出，相当于自测对知识点的掌握程度。

❯ 课后回忆：善用遗忘曲线高效复习

不只是孩子，身为家长，接触一项新事物时，也经常转头就忘。这跟记忆能力高低无关，是高等生物与生俱来的认知短板。

从 1885 年开始，德国心理学家艾宾浩斯通过一系列实验发现，人类记忆力的形成和丧失是有规律的，进而提出了著名的"遗忘曲线"观点。

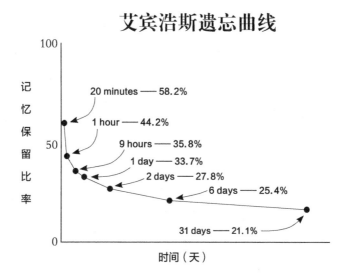

这条曲线量化了一个人在初次学习某个新知识后的遗忘速度：如果不复习，大约 48 小时后就只剩下不到 30% 的记忆，其他那些会以稍慢的速度逐渐被遗忘。打败遗忘曲线的关键词是"及时"，也就是赶在遗忘曲线发挥作用之前，通过"及时记忆和及时测试"的组合拳，来巩固所学。

具体而言，孩子每次在课堂上学到一个新内容，最好在 48 小时内复习。错过了加深记忆的黄金期，记忆力会断崖式下降。前面提到的康奈尔学习法，就是帮助孩子重复记忆的一个绝佳路径。

等到大脑消化了新知识，每隔一段时间，还要对已有的记忆加以检验，这也是为什么如今很多学校大考不多，但小考不断，正是为了检验知识在大脑中的留存率，看看哪些知识点掌握得还不牢，哪些记忆还需要"打补丁"。

综上，家长从孩子上学开始，就需要督促他们养成课后复习、定期测试的习惯。每天复习前一天上课的内容，每个周末复习上一周的内容，每次单元测试前复习整个单元的内容，期末考试前复习本学期的内容，这样滚动着前进——阻断了遗忘曲线，至少在记忆这个层面，孩子就跟学霸站到了同一起跑线。

❯ 对抗粗心：考前提分秘籍

很多家长反映，孩子平时学的挺扎实，一到考试就粗心大意。我认为，这要从能力、情绪、方法三个维度找原因。

先看能力。 根据艾宾浩斯的遗忘曲线，即使是已经学会的内容，过一段时间留存在大脑中的记忆也会递减，所以平时测试时，成绩不错的孩子，不一定期末考试也能拿高分，且症结也许不是粗心，而是没学扎实。

只有通过不断复习、自测，把属于学习区的内容转移到舒适区，让"临时记忆"固化成"肌肉记忆"，达到不假思索、一通百通的程度，知识才算真的内化成身体的一部分。

再看情绪。 大考之前，紧张、焦虑在所难免，压力太大、睡眠不足，会影响孩子正常水平的发挥，因此考试前学会科学的放松非常重要。

家长除了鼓励孩子出去运动、看电影、听音乐，还可以巧用条件反射原理帮助他们降低考前焦虑。

俄国生理学家巴普洛夫在实验中发现，一些狗在食物出现之前，仅仅听到饲养员的脚步声或受到其他刺激时，就会开始分泌唾液，他据此提出著名的条件反射理论，认为当一种反应跟随在一个刺激后发生，哪怕二者之间原本没有任何关联，也能通过重复作用，使得这个刺激能够持续引发同样的反应。

把条件反射机制运用到学习上，家长可以给孩子挑选一首舒缓优美的歌曲，让他在无人打扰的情况下安静地听上 10 分钟左右，搭配深呼吸练习，尽可能保持放松。之后关掉音乐，确保孩子在其他时间不听这首歌。这样坚持练习几星期之后，再次听到这首歌时，孩子就会很自然地感受到放松与平静。之后，每次考试前让孩子听几次，就能很好地降低焦虑，专注考试。

最后是应试方法。针对考试时怎么纠正粗心的问题，我有两个建议：

第一是建立错题本。把小测试中容易犯错的知识点都记在本子上，定期翻看，考试前重点突击，提醒孩子在答题时要多留心，粗心造成的错误率就会降低。

第二是要把草稿纸写整齐。草稿不是卷子，所以不少孩子打草稿时会比较随意，这边列个算式，那边记个公式，东写一笔西画一下，一张稿纸很快就用完了，等到开始誊抄，答案淹没在一堆乱勾乱画里，自己把自己绕晕。

平时孩子写作业时，家长就要有意识地训练他们认真打草稿。从草稿纸的左上角开始，标上题号，一道一道算下来，不要打乱顺序和布局，这样思路会非常清晰，回头检查时也一目了然，更加高效。

学霸思维金句

比学霸身份更重要的是学霸思维。思维方式是根，知识和方法是叶。如果根不长，学再多的知识和方法都是徒劳，这正是真学霸和伪学霸的差异所在。

学霸思维金句

国学大师钱穆曾说：古往今来有大成就者，诀窍无他，都是能人肯下笨功。

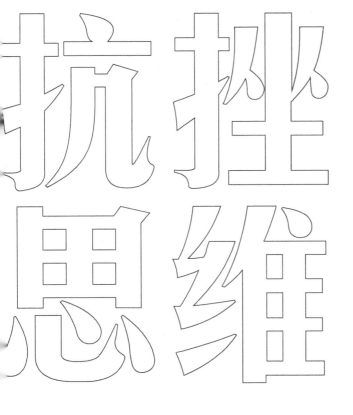

第九章 <

抗挫思维：

现实给你一个挫折，
你要跳起来和它击掌

吾生平长进，全在受挫受辱之时。务须咬牙励志，蓄其气而长其智，切不可颓然自馁也。

——曾国藩《曾国藩家书》

有个笑话说，刚出生的孩子是天使，在家长眼里未来都是能上北大清华的学霸；等孩子慢慢长大开始学这学那，家长的信心受到冲击——北大清华上不了，以后读个985、211也挺好；及至孩子念小学，每天陪写作业，家长濒临崩溃，长吁短叹，"难道我生了个傻瓜？"

养育孩子的过程，惊喜与惊吓并存，家长的情绪就像坐过山车，在成就感、幸福感、挫败感之间跳跃穿梭。

一方面，面对孩子的不服管教，我们要对症下药，见招拆招；另一方面，当孩子在与外界交往中受冲击、受委屈时，我们要科学引导，锻炼其强大的心理承受能力。这个过程中，家长是否具备抗挫思维，决定了自身的愉悦指数，也影响到孩子的成长速度。

乐观的人总是看到光明，抱怨的人正在失去机会。接下来，我们就来谈谈如何做一个屡败屡战、积极乐观的家长，进而培养出抗挫力强、不惧挑战的孩子。

可怕的天使：养出调皮孩子，是家长不智

从可怕的两岁开始，我们的孩子就不再是听话的天使：一言不合就撒泼，一不满意就大哭——他们人生中第一个叛逆期，让家长初次感受到教育是一场以弱胜强的角力。鸡飞狗跳间还来不及喘息，紧接着还有恐怖的三岁，顺利度过才到甜蜜的四岁。

这一阶段家长面临的挑战，是孩子第一次萌生出独立意识，我们是该呵护还是遏制？怎样设定界限，告诉他哪些事可以做，哪些事不可以做，才能帮助孩子更好地探索外部世界？

一些家长常抱怨家里有个调皮的孩子，我倒认为，孩子调皮，问题可能不在孩子，而在家长。比如在公众场所推推搡搡，大喊大叫，表面看是孩子不听话，不服管教，实际上是家长缺乏耐心和智慧，不知道该如何

引导。

要约束孩子，最简单直接的方法就是立权威、下指令。但孩子年纪越小，越不会听，于是经常是孩子手舞足蹈地在前面跑，家长大呼小叫地在后面追，越追孩子越来劲，然后家长怒不可遏，追到孩子"啪啪"就是两巴掌，最后孩子哇哇大哭，家长又是一通安抚，等风暴过去，一切照旧。

孩子屡教不改，家长气急败坏，动辄怒目相对、大声训斥，各种恐吓招数用尽却没效果，其实这是种"熟练的无能"。要跳出恶性循环，下面几种方式推荐给你试试：

1. 指令要清晰。年纪小的孩子理解能力有限，要用他们听得懂的语言表达你的意思。"别再玩玩具，我们马上就要出门了。""安静一点，列车很快就到站了。""马上""很快"这类模糊的修辞，孩子是没有概念的，不如转换成更具体地、有指向性地说法："别再玩玩具，再过十分钟我们就要出门了。""安静一点，等你看到窗外出现很多高楼时，列车就要到站了。"

2. 少用否定句式。否定性的语句容易激发逆反心理，不能做这个、不能做那个，孩子会觉得家长限制太多。我们要用正面告知的方式，直接表明应该怎样做。比如"慢一点走"好过"不要到处乱跑"，"在这张纸上画画"好过"不要在墙上乱画"，"把玩具放在箱子里"好过"不要到处扔东西"等等。

3.**语气要平静**。如果家长性格比较急躁，那么过大的音量、过快的语速，自然会让沟通氛围变得紧张，孩子还没接收到具体信息，就会感受到一种压力。正确做法是，火气上来时我们先控制好情绪，以尽量正常且平静的语速，和温和的态度跟孩子沟通，让他知道父母跟自己站在一起，而不是敌对的关系。

4.**意志要坚定**。要做到令行禁止，贵在坚持。而很多家长的问题在于，给出指令后孩子做得如何，没有相应的奖惩措施，甚至朝令夕改，从宽或从严随心情而定。比如孩子吃饭时不让到处跑，有的家长今天心情好，就对孩子耐心引导；明天心情不好，就对孩子大吼大叫；后天太忙了，只要孩子不吵闹，想怎么着都行。家长没有一以贯之的原则，就无法为孩子建立说一不二的规则。

看过一句话：妈妈是来帮助孩子，而不是管住孩子的。在找到切实可行的解决方案之前，我们往往急着给孩子贴标签——"他就是特别淘气，三天不打上房揭瓦。""她从来不听话，你越苦口婆心她越来劲。"……家长越强调孩子的问题，就越容易掩盖自己的问题；先声夺人先入为主地批评孩子，潜意识是在掩饰自己的失职。

没有天生的不服管的孩子，一日之寒无法冰冻三尺。家长以权威压制，而非以规则告知，小问题可能演变成大问题，今天的调皮孩子明天也许就真成了坏孩子。

应对叛逆：问题孩子不是问题，而是机会

如果说小时候不听话，是独立意识萌芽后的假叛逆，胡萝卜加大棒策略有一定效果。但等孩子渐渐长大，家长若再用威权乃至暴力去压制，不但效果越来越弱，还会对孩子的身心成长造成不可逆的负面影响。

＞ 孩子越打，智力越低

美国新罕布什尔大学教授默里·施特劳斯领导的研究小组曾用四年时间，在全美范围内对 2-9 岁儿童进行了抽样调查，结果显示，父母体罚孩子的次数，对孩子的智力发育有很大影响——体罚越多，儿童的心智发育就越慢；哪怕是为数不多的体罚，也会影响儿童的智力发育。

研究人员将被试者按照年龄分成两组，其中，年龄在 2-4 岁的孩子共 806 人，年龄在 5-9 岁的孩子共 704 人。研究人员分两次对他们的智商进行测试，第一次是在调查刚开始时，第二次是在四年后，由此得出的数据如下：

● 在 2-4 岁年龄组中，经常挨打的孩子，平均成绩比不挨打的孩子低 5 分。

● 在 5-9 岁年龄组中，经常挨打的孩子，平均成绩比不挨打的孩子低 2.8 分。

这项研究公布后，举世震惊。在此之前，体罚在很多国家都是家长管教孩子的常用手段，少有人觉得这有什么不对。而施特劳斯教授基于庞大的数据和科学的分析指出，体罚会让儿童产生极大的精神压力——如果他们在一周之内受到三次以上的体罚，会出现慢性应激反应，长此以往，这些孩子会表现出一系列遭受精神创伤后的应激症状，比如说谎、时刻担心有坏事降临、显示暴力倾向，这些都会影响他们的智力发育水平。

意识到这一点后，世界上有很多国家制定了法律，明确规定父母不得体罚儿童。在我国，"不吼不叫培养孩子"也已成为很多家庭的共识。

体罚反映的是传统家长制的权威意识，然而，靠身份、年龄与体能优势压制孩子，只会让孩子因恐惧而被动驯服，而非因理解而主动顺服。

我们常说要跟孩子做朋友，朋友之间最重要的是彼此尊重、包容。对于孩子的问题，父母应该做一个冷静克制的观察者、建议者，而不是简单粗暴的决定者、审判者。要和孩子做朋友，我们就得像朋友；不能对朋友做的事，我们都不能做。要尊重孩子的自主意识，不侵犯与孩子之间应有的界限。只有清晰地意识到自己和孩子是独立的两个人，才能真正做到平等。

〉 要对话，不要对抗

现代管理学之父彼得·德鲁克有句名言：管理就是最大限度地激发别人的善意。我把它转换一下：教育就是最大限度地激发彼此的善意。这里的"善意"，包括爱、尊重、理解。

乔希·西普（Josh Shipp）是个孤儿，成长过程中备受欺凌。他不像其他受欺负的孩子那样怯懦，而是浑身带刺，最大的乐趣是惹恼寄养家庭，直到自己被赶出去。

乔希喜欢记日记。他会在一个日记本里记录自己数次被寄养家庭放弃的统计数据。日记本的第一栏写着他到达某个家庭的日期，第二栏是被赶出去的日期，第三栏是为了达到这个目的，他采用的策略。他的目标是"刷新最快纪录"，这个纪录一度保持在不到一周就被赶出去。

后来，乔希遇到一位特殊的养父。某次，他以每小时85英里[1]的速度在限速65英里每小时的州际公路上飞驰，并且超过了一辆警车，然后又因为没有驾照也没上保险，被送进监狱。事后他若无其事地打电话通知养父，本以为对方会跟其他曾收养自己的人一样暴跳如雷，没想到只听到平静的一句话："我会去保释你，但要等到明天。再见！"

第二天早上，养父如约去监狱保释了乔希，并说了一句改变他一生的话：孩子，我不把你看成一个难题，我把你看作是一个机会。

乔希此后开始发奋，像变了一个人。后来他成为美国知名的青少年问题研究专家、励志演讲家，曾做客《纽约时报》、CNN（美国有线电视新闻网）等主流媒体，并在哈佛大学、斯坦福大学、麻省理工学院等高校发表演说。他把自己的经历和洞察写进《解码青春期》这本书中，帮助无数家长以正确的姿势，陪伴孩子度过

1.英里，英制长度单位。1英里 ≈ 1.609千米

成长中这一最具挑战的时期。

在《解码青春期》中文版的宣传文案中有一句话，"每一个看上去叛逆、难以接近的孩子，都需要父母强有力的支持。"

问题少年就像一颗榴梿，带刺的外壳是为了保护脆弱的内里。孩子到了青春期，开始用成年人的标准审视自己，佯装强大是因为不自信，叛逆的言行背后其实是一份邀请——他们既渴望成年，宣誓自己的独立，又担心自己是否具备相应的能力，于是将反叛当作试探，以此考验父母是否理解自己、愿不愿意帮助自己。

如果说被认为无可救药的问题少年都可借由养父的包容实现蜕变，对于多数处在青春期的普通孩子，他们的叛逆同样可以经由父母的尊重与理解得到化解。孩子比我们想象中更需要陪伴、信任，耐心倾听他们，用心包容他们，对话，而不要对抗，才能帮他们从孩子顺利过渡到成人。

笑对挫折：敢赢但也不怕输，怎么做到的

前面我们谈到家长如何跟孩子过招，抵御从"养育"到"教育"过程中的种种挫败感，接下来换到孩子的角度，分享当孩子遇到挫折时，家长怎样帮助他们抚平创伤，在逆境中成长。

有研究者统计了人在一天中会遇到的所有难题，从最轻微的挫折到最惨烈的悲剧都算上，发现在 1991 年时，难题的平均数量是 3 个，而十来年后，这个问题的全球平均答案已达到 32 个，而且数字还在上升。

成年人的世界如此残酷，对孩子来说，每天遇到的大小挫折更不胜枚举了，小到因无法独立完成某件事而哇哇大哭，大到被同龄人排斥甚至欺辱。人的天性需要在超越自我和他人中得到快乐，"想赢怕输"这一点在儿童身上体现得尤为明显。

人的成长就是被生活鞭挞教育的过程。家长作为过来人，应该怎样帮助孩子直面挫折，战胜自我？我有三个建议。

❯ 第一，树立成长型思维，重新定义成功

成功人士都有一个特质：能坚韧不拔地去克服困难。很长一段时间，人们把它归功于钢铁般的意志力，然而科学家经过研究发现，意志力的背后是与众不同的思维模式。

这个世界上有两种思维模式，一是固定型思维模式，一是成长型思维模式。前者认为一个人的智力、个性、才能等是一成不变的，后者则相信一个人的潜能是未知的，可以通过努力和个人经历来改变先天的才能和资质。

长久以来，人们对智商测试的推崇正是固定型思维模式的反映。在智商测试中拿到高分的人被认为天资异于常人，会得到周围人更多肯定，也更充满自信；智力表现平平的人则被视作天性驽钝，容易在传统教育中被老师、家长忽略、轻视。

固定型思维模式以类似一刀切的做法，按照天赋或过往表现，把人们划分出三六九等，使得人们努力的目标不是追求上进、改变，更多是为了维护自己当下所处

的位置——学霸担心下一次考得不好，王牌销售害怕转年就拿不到单子，每时每刻，他们都在以既定标准评估自身：我会成功还是失败？我看上去是聪明还是愚蠢？我会被接受还是被拒绝？

容易被挫折击倒的孩子，多数被固定型思维所束缚。在他们看来，失败是一锤定音，是对自己过往能力、努力的全盘否定。

与之对应，拥有成长型思维模式的人认为人的才能是可以发展的，他们不介意一时一地的得失，对当下和未来抱有更积极乐观的态度。

一个资质普通的孩子，会因为成长型思维而漠视师长的漠视，通过努力学习提高成绩；一个业绩不佳的销售会屏蔽旁人的奚落，用心打磨销售技巧直到反超他人。成长型思维让人们专注于自我提升，努力"变得更好"而非"看上去很好"。

成长型思维的培养不是一蹴而就的，家长从孩子很小的时候就要注意引导，最有效的做法是，调整夸奖孩子的方式——当孩子做成一件事后，赞扬他们努力，而不是聪明。

从小被贴上"聪明"标签的孩子，会倾向于一遍遍证明自己的确聪明，慢慢养成固定型思维模式，学习是为了考试拿高分，为了超过别人。当我们用"努力"而非"聪明"来表扬孩子，强调过程比结果更重要，从"这是我的错"转变为"让我看看能从中学点儿什么"时，才能帮助他们放下比较心，平息挫败感，享受学习成长的乐趣。

"衡量成功的标准，不在站立顶峰的高度，而在跌入低谷的反弹能力。"要让孩子意识到，这个世界不是零和博弈，没有绝对的输和赢。成功的定义不是超越别人，而是战胜自己。

❯ 第二，保持乐观，用 ABC 模式消解坏情绪

发生不好的事情，我们下意识的反应是抗拒、否定。在坏情绪的支配下，无论大人孩子都容易有过激的言辞，当理性占下风时，局面会越发不可收拾。

对此，科学家艾伯特·埃利斯与阿伦·贝克基于认知疗法，提出了应对坏情绪的 ABC 模式。

其中 A（activating event）代表一切不愉快、不幸的事，B（belief）代表对不幸事件的解释，C（consequence）代表后果，也就是负面事件所引发的人们的感受与行为。

通常人们认为，不愉快的事（A）会立刻且自动地产生后果（C），但是埃利斯经过研究认为，人们对不愉快事件的看法与解释（B），才是引起某种特定后果的关键因素。

举个例子。小明考试成绩不理想，害怕被爸爸责罚而把卷子藏在书包里，又模仿爸爸签名后交给了老师。爸爸得知真相后大发雷霆，把小明狠狠训斥了一通。表面看，是小明撒谎引来了责罚，但如果爸爸在斥责孩子之前，仔细分析小明撒谎的原因，很可能会换一种教育方式。

撒谎确实是不好的行为，不过爸爸也需要看到，小明之前在其他事情上并没对家长撒谎，这么做是因为知道考得不好肯定要挨骂，所以怀着侥幸心理想蒙混过关。如果爸爸能借此反思，之前由于孩子成绩不好而屡次对他加以责罚，从而给孩子造成了心理阴影，更明智的做法，是把这件事当作改变教育方式的一个契机，跟儿子好好沟通，如此，孩子撒谎这件事就不会以简单训斥收场，而能成为亲子深度对话的一个开始。

套用 ABC 模式，在负面情绪爆发之前，我们要帮助自己及孩子找出对坏事件更正确的解释，来挑战下意识的反应。具体可以这么做：

首先，避免负面言辞

心理学上有个概念叫"自我实现的预言"，是指我们对一件事的看法和预期，会通过注意力的选择性筛选而成为事实。也就是想法影响潜意识，进而将塑造事实。

要消解负面事件引发的坏情绪，第一步是要避免用负面言辞来评价这件事。比如"这真是太糟糕了""这已超出我忍耐力的极限""这个人无可救药"，把坏事件贴上更坏的标签，会自我设限。

其次，矫正负面认知

感到难过的时候，尝试捕捉那些在脑海里一闪而过的念头，从而找到负面情绪的源头。比如，考得不好感觉糟糕，是因为担心过去的努力都白费，进而质疑自己的学习能力；不被小群体所接纳，会让人怀疑自己没有魅力、不合群，害怕以后再没有其他孩子愿意跟自己来往了。

追根溯源去审视坏情绪的成因，评估这些想法是否正确，你会发现，很多时候我们对一件坏事的解释过于消极负面，甚至有把挫折灾难化、扩大化的倾向，从而让自己处于不真实的恐惧幻想中。

解决之道，在于捕捉大脑中被坏事触发的隐秘念头，寻找证据，用更积极正向的解释来矫正负面认知。比如，考得不好可能是因为粗心，或者试题太难，跟自己的学习能力没关系；不被接纳或许是彼此兴趣爱好不同，没有共同语言。教会孩子，受挫时别轻易否定自己，从积极的一面看问题。

❭ 第三，培养钝感力，摒弃外界噪音

日本作家渡边淳一初出茅庐的时候，参加了一个文学沙龙，里面聚集了不少跟他一样刚刚崭露头角的青年

作家。

因为是新人，刚开始大家都没什么经验，呕心沥血写出来的稿子，经常被出版社挑刺，甚至投稿后石沉大海。这种打击对人的影响很大。大多数作者对此也就是一边发发牢骚，一边借酒浇愁，大醉一场之后，醒来又重拾创作欲望，鼓励自己要加油。

但有位先生，在渡边淳一看来才华超群，性格却非常敏感，容易受伤。被拒稿几次后，他的意志越来越消沉。几年后，等到其他作者陆续挨过寒冬，慢慢名声大噪，这位先生却从文坛消失了。

多年后回忆这段经历，渡边淳一认为，在各自领域取得成功的人士，都拥有一种绝妙的钝感力，也就是对周围的世界不过分敏感，能屏蔽噪音，专注做好手头的事情。那位没成功的先生正是因为缺少钝感力，无法从挫折中尽快复原，所以才华不能得到充分施展。

以前人们常说，做人要敏感，对周围的人和事保持敏锐，才能快速反应，调整好自己更快适应环境。但是在竞争激烈的现代社会，过于敏感反倒容易让人受伤。有的孩子出现心理问题，正是因为性格敏感，自尊心太强，担心做得不好被奚落，害怕考得不好受批评，心理包袱太重，时间一长就把自己折腾出毛病了。

跟敏感相对，家长要注意培养孩子的钝感。钝感不是木讷迟钝，它强调的是对干扰因素的淡漠，对手头事务的专注；不是不敏感，而是不被别人影响。

钝感力是一种我走我路的执着。当孩子遇到挫折时，家长的站队和选择特别重要，家长表现出钝感，孩子才不会对失败过于敏感。

"篮球之神"迈克尔·乔丹虽然从小喜欢打篮球，但直到念高中时都没有身高优势，技术能力也不强，还一度被篮球队淘汰。当他回到家把这个令人沮丧的消息告诉妈妈时，乔丹妈妈的反应很淡定，只说"要好好练习"。

这是对乔丹很重要的一句话，让他学会了遇到问题，要不带情绪地去解决，后来他凭借刻苦训练终于成为篮球界的天才。

现实给你一个挫折，你要跳起来和它击掌。面对困难，钝感就像一把保护伞。自己的人生自己决定，不必因为别人的目光而放弃自己的快乐——家长不断传递这一信念，孩子就会慢慢变得强大、乐观。

抗挫思维金句

乐观的人总是看到光明，抱怨的人正在失去
机会。

抗挫思维金句

体罚越多，儿童的心智发育就越慢；哪怕是为数不多的体罚，也会影响儿童的智力发育。

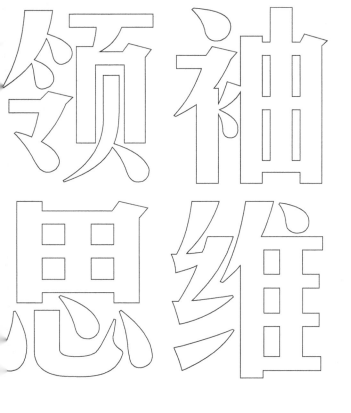

第十章 〈

领袖思维：

如何培养有魄力的孩子

带勇之人，第一要才堪治民，第二要不怕死，第三要不汲汲于名利，第四要耐受辛苦。大抵有忠义血性，则四者相从以俱至。

——曾国藩

俞敏洪是我非常钦佩的人。

从一个农民的儿子成长为最有魅力的老师，从英语培训学校的校长成长为赴美上市公司的老板，从有情怀的知识分子成长为有魄力胆识的生意人，俞敏洪的人生经历颇有戏剧性。如果说当年跟他一起开疆拓土的北大同学，大家在智慧和能力上相差无几，俞敏洪身上最显著的特质之一，是格局。

轻利重义：领袖思维的核心是格局

中国有句老话，共患难易，共富贵难。新东方走过创业初期的艰难，业务稳定增长，创始团队成员也跟多数初创公司一样，围绕利益分配问题，开始出现各种矛盾、争吵。对此，身为企业创始人、领导者，俞敏洪作出了两个重要决定：一是让利，二是让位。

让利，表现为俞敏洪承诺，以当时新东方内部对股权的定价为标准，只要有人愿意出让股权，他就以个人名义全部买下来，把对方手里的股权变成真钱。

让位，体现在俞敏洪愿意主动让贤，只做一个纯粹的股东。

结果，创始团队商量了一下，决定不出让手里的股权，但要求俞敏洪保证，如果将来新东方倒闭，底价必须由他承担。职务上，其他人也不客气，然后王强成了董事长，徐小平成了副董事长，胡敏成了总裁。于是，作为创始人的俞敏洪在集团内部除了股权，什么职位都没有了。

普通人看到这里，想必会为俞敏洪感到不平：明明企业经营一帆风顺，创始人为什么要把职权拱手让人？既然是合伙创业，理应利益共享、风险共担，凭什么要求如果企业倒闭，经济压力必须由一人兜底？

对此，俞敏洪回应道：企业变革中当创业者利益受损，被合伙人或下属欺负，很多人的应对都比较决绝，要么把下属赶走，要么给合伙人一个教训……但对他而言，所有决策都是以确保两件事为核心：一是必须保证新东方的发展，保证企业整体利益不受损；二是基于旧有的同学、朋友关系，不管存在多少矛盾，不能在感情上让大家受太大伤害。为此，他宁可自己受委屈，分享利益、割让权益，也要维护、关照企业及其他人的利益。

什么是格局？拆开来看，"格"就是人格，"局"是指气度、胸怀。轻"利"而重"义"，舍"小我"去成就"大我"，正是以俞敏洪为代表的优秀企业领导者能带领团队乘风破浪创造奇迹的秘密。

别人聪明的时候，你笨一点，厚道一点；别人精明的时候，你木讷一点，真诚一点。真诚，才能走进别人的心里；厚道，才能得到别人的认可；知恩图报，才能收获别人的信赖。无论世道怎么变，真诚永远最可贵，厚道永远最难，知恩图报永远不过期。

利他奉献：水洗万物而自清，人利众生而自成

如今，不少教育机构在推出课程时，常以"培养头雁""塑造未来的领导者"这样的文案作为卖点，对家长颇有诱惑力，很多人乐此不疲地把孩子送去学习，希望能帮助提升领导力，成为未来的领袖精英。

沟通协作、演讲表达等技能的培养固然重要，但只是领导力的"术"，领导力的"道"在于做人做事的态度和格局。

一个斤斤计较的人，沟通能力再强，也无法吸引顶

尖人才跟随自己，因为优势突出的人缺点通常也很明显，没有容人之量，金子也会被沙砾淹没光芒；一个好高骛远的人，演讲水平再高，也无法凝聚团队上下同心，因为成功依赖的是脚踏实地，而非画饼充饥。

反观当下的教育，很多家庭过分看重"为孩子争利"，忽视了"教孩子让利"；总是鼓励孩子去竞争，去超越别人，却忘记孤掌难鸣的道理。

曾国藩的一个谋士赵烈文有一句非常经典的话：合众人之私，以成一人之公。要成就一件事，个人能力再强也是有限的，领导力的核心在于通过激发、点燃别人来成就伟大的事业，"利他"而后"利己"，如若一开始就抱有私心，这样的企业往往长不大、走不远。

一些家长追求精英教育，不惜花大价钱把孩子送进国际学校，吃穿用度都比照精英的标准，无意间把孩子培养成精致的利己主义者——凡事以自身利益为优先考虑。其实欧美国家真正的精英教育，是把责任感、荣誉感、奉献精神放在第一位的。

英国最著名的贵族男校伊顿公学，毕业生中走出过陆军元帅威灵顿公爵和一大批战士。据说"一战"时有 5619 个伊顿人参战,其中 1157 人牺牲,13 人获得了维多利亚十字勋章。"二战"时有 4960 人参加了战争,745 人牺牲,5 人获得了维多利亚十字勋章,3 人获得了乔治勋章。

得与失是一体两面的关系,世上没有不劳而获或者一劳永逸,奉献是索取的前提。

怎么做到呢?答案是:教孩子学会吃亏。有句老话,大巧若拙,大智若愚,从长远看,吃亏就是占便宜,懂得吃亏的孩子将来更好命。

❯ 首先,帮孩子建立规则意识

有家长带孩子去公园或游乐场,为了少买一张门票,提前告诉孩子"一会叔叔阿姨给你量身高时,要把头稍微低一点,把背弯一点",孩子照做后顺利过关,家长为此沾沾自喜,甚至还会买根棒棒糖或冰激凌奖励孩子。

这些家长没有意识到,这样做会弱化孩子的规则意识,让他们误认为,钻规则的漏洞、制度的空子是聪明的表现，长此以往，孩子会养成投机取巧的习惯，把占公家、占别人的便宜视作理所应当。

我们每个人都是集体的一分子，遵守规则、秩序，是精诚合作的前提。明明耍点小聪明就能逃票却不这样做的家长，看似吃亏，实则是把公德心与责任感的培养置于儿童教育的首位。孩子就像一张白纸，家长不示范"投机有理"的行为，孩子就不会有贪小便宜的作为。

与之类似，在超市购物、站台等车时，家长也要教孩子学会排队。不要因为有人插队就觉得自己吃亏——孩子从小讲规则，长大后才能讲原则；当下不贪小利，未来终有大得。

❯ 其次，教孩子学会分享

自私是所有物种刻在基因里的天性，也是人类为了维系自身生存而作出的下意识反应。这一点在小孩身上体现得尤为明显：当他们第一次萌生独立意识，试着区分什么是"我"，什么是"你"时，往往会努力保护自己的领地——不让别的孩子跟自己的妈妈亲近，不让其他人碰自己的玩具。

很多家长都知道要教孩子学会分享，但这个过程中却容易忽略同理心的培养。

比如，看到孩子拒绝跟别的小朋友分享玩具，有的妈妈会说，"宝宝别这样，要跟其他小朋友一起玩！"或者，"男孩子不能这么小气，你再这样，以后别的小朋友都不喜欢你，不要跟你玩了。"

批评、命令甚至恐吓的方式，孩子可能出于担心、恐惧而屈服，表面上大方了，心里其实很委屈。如果内心的疑惑甚至痛苦得不到疏解，长大后容易报复性反弹，变得孤僻、不合群；或者主动分享是出于功利的目的，每一次付出行为背后都带有渴求回报的预期乃至算计。

只有跟同理心结合在一起，分享行为才能真正让孩子成长并受益。对此有神奇效果的一句话是："如果你是他，你会怎么想，怎么做呢？"

比如，看到孩子在游乐场里跟其他小朋友抢玩具，你可以走过去温柔地说，"这个小朋友刚才在旁边站了很久，想跟你一起玩但你都没注意。现在他的妈妈催他回家了，你还是不肯跟他玩，如果你是他，现在你会怎么想，怎么做呢？"

引导孩子从关注自己的感受，转变为考虑他人的需求，鼓励他们设身处地为别人着想，当孩子有了同理心后，主动分享就是水到渠成的事。

▶ 最后，家长不偏私，孩子不自私

有孩子的家庭，餐桌上经常出现这样一幕：

有好菜上桌，大人先给孩子盛一碗，让孩子先吃；如果孩子喜欢哪个菜，大人往往就不动筷子了，任孩子在盘子里挑挑拣拣，等他吃饱、吃腻，大人再吃剩下的。

每个家长都发自内心地疼爱孩子，然而宠溺到让他们吃独食、搞特殊化的程度，就有些过犹不及。孩子不懂大人的苦心和爱心，分不清哪些是家长的宠爱退让，哪些是自己理所应当。总是以他们的诉求和利益为先，慢慢会让孩子觉得这个世界就该围绕自己转。一些孩子长大后稍不顺心就拿父母撒气，家长斥责没良心的同时，是否反思过自己有没有助纣为虐的嫌疑？

不要因为孩子小，就给他吃独食；不要担心孩子弱，就给予特殊关照。让孩子知道自己是家庭的一分子，是集体成员之一，家长不偏私，孩子就不会自私，长大后才懂得什么叫无私。

执着坚韧：见识决定胆识，魄力成就魅力

对领导者来说，见识比知识重要，智慧比聪明重要，胸怀比财富重要，思考比执行重要。实践出真知。只有知行合一，一点点开拓对世界的认知，一次次经受风暴的洗礼，百折不弯，才会木秀于林。

在教育问题上，如果我们出于疼爱、保护的目的，把孩子放在家里，他会成为巨婴，因为周围的一切对他来说都是熟悉的、安全的。在这样的环境中，人天性中好逸恶劳、不思进取的那一面就会展现出来，他没有动力和条件去改变自己、提升自己。

父母之爱子，必为计深远。我们只有有意识地把孩子放在各种不同的环境中让他接受锻炼，他才能变成一个见多识广、能干的人，因为陌生环境会激发人的不安全感和好胜心，为了追求安全和确定性，孩子会努力改变自己，以此克服困难、适应环境。

从这个意义上，我鼓励家长对孩子进行适当的挫折教育，以磨炼品性、历练个性。

湖南卫视曾做过一档名为《变形计》的真人秀节目，每期安排一组城市孩子和农村孩子在7天之内（后来延长到1个月）互换角色，体验对方的生活。摄制组每天全程跟拍，粗加剪辑后以近乎原生态的面貌播出，一度引发社会热议。

节目中，观众跟随摄像头，看到了孩子们在离开各自熟悉的环境、父母羽翼后的种种不适应，从激烈抗拒到被迫融入，到最终接纳周围的一切并乐在其中，短短7天，角色互换给孩子造成的冲击、改变是惊人的，甚至说将影响他们一生。

作为家长，我们也许很难让自己的孩子跟其他人交换生活，但可以引导他们涉足未知的领域，去勇敢地体验生活。生活是最好的老师，在安全区内让孩子独立做有挑战的事，才是最有效率的教育方式。

比如，孩子跟同龄人发生矛盾，家长别急着插手处理纷争，让他尝试自己解决问题。从遇到难题找家长摆平，到碰上事儿先自己想办法，孩子会慢慢养成责任心和自主意识，而这是胆识的雏形。

又如，带孩子出门旅行，家长不要大包大揽，让孩子参与制订行程计划、打包行李；抵达目的地后，寻找酒店、接洽导游等事宜，也要求孩子分担。训练他们在陌生环境中获取资源、随机应变的能力，日后等他们必须独立面对未知时，才不会怯场。

亚马逊创始人，曾经的全球首富杰夫·贝佐斯说：

你必须长时间被他人误解，你必须坚持你认为正确的观点，你必须有长远而独到的战略眼光。你必须干掉他们都在做的商机，你必须装着不知道他人背后对你的闲言碎语。你必须精进你的策略思维，去实现你的战略眼光。你必须沉得住气，到最后，你才能成为真正的你。

在生活中体验，在疼痛中成长，方能涅槃。

自我驱动：梦想是生命的种子，自由是自强的基石

王小波说，一个人只有今生今世是不够的，他还应当有诗意的世界。这诗意，是以梦想为代表的精神生活，它能让我们抵御金钱、名利、个人享受等现实诱惑，寻得灵魂的栖息地和净土。

卓越的领导者都是自我驱动的，其动因不是外在的利益，而是内心对实现梦想进而改变世界的渴望。梦想像一盏灯，能在身处困境时把我们点亮，能让人抽身于俗世的泥潭，慰藉自己以诗和远方。

被称为"硅谷钢铁侠"的创业家埃隆·马斯克，他先后创办了 PayPal（世界上最大的网络支付平台）、Space X

（探空探索技术公司）、特斯拉三家公司。

2013 年 3 月 12 日，当 Space X 成功发射并回收可重复利用火箭，搭建飞船与国际空间站成功对接时，马斯克完成了人类历史上第一次由私人公司发射火箭的壮举。

但创业多坎坷，之后无论是造火箭还是生产电动汽车，马斯克掉入产品频出故障、媒体非议不断的深渊，资金链濒临断裂。最终能绝地反击，除了他本人是商业天才，有着"将人类移民火星"的炙热梦想外，应属推动个人奋斗、坚韧不屈的原动力。

正是马斯克对梦想的执着，及由此带来的崇高使命，吸引了众多天才为他创办的企业卖命。正是梦想驱动这些"疯狂的天才"不断朝前奔跑，才能把世界远远甩在身后。

生命就像大树，种子决定未来。梦想就是生命的种子，因此家长要从小帮助孩子建立伟大、美好、无私的梦想，有了梦想，孩子的成长就有了方向、力量和希望。

具体怎么做？请记住两个关键词：发现，陪伴。

❯ 第一，发现梦想：有张有弛，把闲暇时间还给孩子

我常说，教育孩子，既要有勇有谋，也要有张有弛。梦想是怎么形成的？第一条就是，拥有空闲时光。

美国儿童教育家汤姆斯·阿姆斯壮指出，自由玩耍比有计划的活动，对学龄前的孩子来说更为有益。然而如今很多孩子的空闲时间都被作业和课外班挤占，课业堆积如山，眼里越来越没有光亮。

家长如果真爱孩子，就要为孩子多留一些自由时间和自由空间。让孩子用自己的心灵去感受，用自己的头脑去思考，用自己的经验去判断，培养他们比他人更早发现梦想、积极行动的力量。

有位教育博主说过这样一段话：

兴趣班，不是我们花钱把孩子送到一个叫"兴趣"的班级，然后希望孩子可以感兴趣。很多兴趣的萌芽，不是按照清单进行的，而是在生活中随机地、自然而然地发生的。

所有孩子都需要有一些无所事事、随性玩耍的时间，来补充成长的必需养分。孩子写作业的时间越长，学习的兴趣和能力越低；报的课外班越多，能力和才华发育得越差；成绩被逼得越紧，将来找心理咨询花的钱越多。

为了帮助孩子发现兴趣、找到梦想，父母要避免将孩子的时间塞满各种活动，把时间的自由和做事的自由（包括不优秀的自由）都还给孩子——如此，才能在教育竞争中有勇有谋，最终收获到孩子的健康和优秀。

❯ 第二，陪伴成长：用平常心守护孩子的梦想

第一位登上月球的人类宇航员阿姆斯特朗在6岁时曾认真地告诉妈妈："妈妈，我想到月球上去。"妈妈笑着说："好啊，当你从月球上回来，不要忘记回家吃饭。"这句温柔的鼓励小男孩一直铭记在心。

33年后，当阿姆斯特朗从月球上返回地面后，有记者问："此时此刻你最想说的话是什么？"他答："我想对妈妈说，'儿子从月球上回来了，我会准时回家吃晚饭。'"

每个孩子都难免说出让大人啼笑皆非的梦想，比如想成为公交车售票员，想做一名垃圾车司机。当孩子跟我们分享他的愿望时，不要站在成年人的高度审视甚至嘲笑它，哪怕自己难以赞同、无法理解，也请像阿姆斯特朗的妈妈那样，温柔地回应他，真心地祝福他。

教育就像一条河，从孩子的生命中流过，我们要让孩子的生命之河越来越开阔，他们才能变成大气的领导者。

一些家长受世俗影响，倾向于用"有用"还是"没用"来评判孩子的梦想——体面、能赚到钱就是有用的，反之则无用。有时哪怕我们设法掩饰，孩子依然会从我们的神情反应中得到暗示，确认自己的梦想是否能得到支持。如果失败，结果要么是把自己封闭起来，不再跟家长谈论它，要么是向成人世界投降，用大人的标准来校正它，不论哪种结果，都会让梦想变得畸形，偏离初心。

请呵护孩子的梦想，那是一束光，此刻再微不足道，也是他们成长的燃料。愿意燃烧自己的人，才能感染并点燃别人。

对于孩子的梦想，家长要守护陪伴，而不要做裁判。自由成长，他们才能找到梦想；自主选择，他们才会对自己的人生负责。

领袖思维金句

对领导者来说，见识比知识重要，智慧比聪明重要，胸怀比财富重要，思考比执行重要。

领袖思维金句

生活是最好的老师，在安全区内让孩子独立
做有挑战的事，才是最有效率的教育方式。

领袖思维金句

卓越的领导者都是自我驱动的，其动因不是外在的利益，而是内心对实现梦想进而改变世界的渴望。

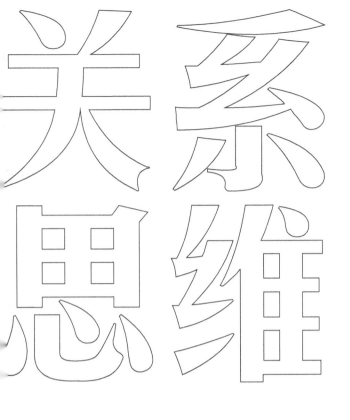

第十一章 〈

关系思维：

事业成功是一阵子，
家庭幸福是一辈子

幸运的人用童年治愈一生，
不幸的人用一生治愈童年。

——心理学家 阿尔弗雷德·阿德勒

　　有的孩子，有老人或阿姨 24 小时贴身照料，唯独缺少父母经常的拥抱。如果家长鲜少参与家庭教育，孩子很可能被过度宠溺。更有"我爸是李刚"这类让人愤愤不平、唏嘘不已的案例，皆因父母将不正确的价值观灌输给孩子，疏于培养其健全的人格。

　　家长是否有成就，跟子女是否能成才，不是对应关系。所谓种田不好误一年，教子欠佳害一生。事业成功是一阵子，家庭幸福是一辈子。教育好自己的孩子，才是我们作为父母，人生中最大的事业。

"妈妈牌"菠萝棒冰：什么是好的家庭教育

这是一个真实的故事。

故事中的妈妈没有上过学，不知道怎样教育女儿，她唯一能做的，就是让女儿从生活中学习。

夏天，别的小朋友放学后都围着冷饮摊买冰棍，女儿也很想吃，可是妈妈每天在集市上卖水果，收入微薄。为了满足女儿的心愿，妈妈晚上回家，把菠萝切成冰棍大小，再插进冰桶。第二天一早，菠萝棒冰就做好了。看着女儿开心的表情，妈妈笑着问："味道怎么样？比冰激凌还棒吧？""是呀妈妈，太好吃了！我们应该把它卖出去。"

这句话启发了妈妈，于是她做出更多的菠萝棒冰。小女孩鼓起勇气，捧着冰盒走向人头攒动的市集，"要不要吃菠萝冰激凌？""要不要吃菠萝冰激凌？"然而无论她怎么吆喝都无人理会。小女孩沮丧地问，"妈妈，为什么没有人买？"妈妈俯下身，温柔地建议，"那你就该去菜市场，看看其他人是怎么卖东西的。"

小女孩来到菜市场，听到每个摊主都在变着花样叫卖自己的商品，"买辣椒啦，5元1袋，10元3袋。""又香又软的烤肉，一咬满嘴汁。"她眼睛一亮，立刻回家自己动手画了一张海报，贴在冰盒外，上面写着"雪糕菠萝冰激凌，5元1根，10元3根"，还特意用红笔大写出这几个数字，然后一边捧着冰盒在菜市场走动，一边大声吆喝。

广告有了效果，很多孩子聚过来买。日子一天天过去，小女孩用赚到的钱买了一辆自行车，每天骑车卖棒冰，提高效率；冰盒外的海报，也升级为"雪糕菠萝冰激凌，每口好滋味"，依然很受欢迎。看到女儿从实践中学习，妈妈欣慰地想，"自己试着解决问题，有一天我不在她身边了，我也相信她能过得很好。"

小女孩后来获得某个项目的奖学金，并于2013年完成了本科学习。

优质的家庭教育，需要一定的经济实力。实力不足怎么办？出身贫寒，家长可以教孩子学会乐观；能力有限，家长可以向孩子示范如何取长补短。就像故事中的妈妈对小女孩做的那样——上不起学，就从生活中学；买不起棒冰，就地取材也能仿制出来；不会叫卖，就去观察高手的言行举止，然后模仿……**父母是推动孩子进步的阶梯，家庭教育是激发孩子潜能的源泉，越是物质贫瘠，越不要让孩子的精神生活陷入干涸的境地。**

跟人的欲望相比，不管穷人还是富人，资源都是有限的。一些家长看到孩子想要的零食或玩具超出自己的购买力，不是直接坦言，"这个好贵，我们可买不起"，就是说出善意的谎言，"等下次打折时再买"，而故事中的妈妈既没有否定孩子的愿望，也没有贬低自己的能力，而是尽其所能寻找替代方案满足孩子的心愿。女儿最终考上大学，改变了命运，跟妈妈的温柔和智慧是分不开的。

出生时，不是每个人都能拿到一手好牌。糟糕的家庭教育就像一盅酒，越喝越烈；良好的家庭教育则像一壶茶，越陈越香。父母思维狭隘，性格暴躁忧虑，孩子也会跟着自怨自艾；父母胸襟开阔，性格积极乐观，孩子会懂得如何笑对苦难。

"我们以为贫穷就是饥饿、衣不蔽体和没有房屋，然而最大的贫穷却是不被需要、没有爱和不被关心。"从这个角度来看，家庭教育中最不可或缺的是父母的爱和关心。经常陪在孩子身边，用爱心和耐心帮他们解决问题，这无关贫富，却能让孩子一生富足。

父亲的大格局，母亲的好情绪，夫妻之间的爱，就是一个家最好的风水。这也是家庭教育的精髓。它需要我们处理好生命中最重要的三个关系：跟父母的关系、跟配偶的关系、跟孩子的关系。

超越原生家庭：理解我们的父母，才能成为更好的父母

构建一切外部关系的核心与前提，是处理好跟自己

的关系。

很多时候，我们之所以明白很多道理，却依然过不好这一生，除了缺少方法和工具，还有一个更隐秘的原因，那就是深陷原生家庭的困境。

如果一个人在童年受到伤害，没有被深爱，等到他（她）成为父母，在如何关爱孩子方面，难免心有余而力不足。了解自己、接纳自己是一条漫长的路，好在已经有不少证据表明，即便童年生活不幸，我们依然有能力超越原生家庭。

20世纪初，在美国一个犹太移民家庭，有个名叫亚伯拉罕的小男孩，他有3个弟弟3个妹妹。

跟那个年代的很多家庭一样，亚伯拉罕父母的婚姻关系名存实亡，只是为了孩子凑合过日子。他的父亲出于对婚姻和妻子的失望，经常在家以外的地方消磨时光，母亲则有严重的情绪问题，时常为了一些很小的过失斥责孩子们。

小亚伯拉罕的童年，无数次上演这样的场景：

他同情流浪猫，把它偷偷带回家，在地下室里喂养。

母亲发现后勃然大怒。

他喜欢音乐，有一次在旧货店淘到一些十分喜爱的唱片，于是买回家放在卧室的地板上仔细观赏。母亲走进来要求他赶紧收起来，他沉迷于唱片而忽略了母亲的警告。在他离开房间不到几分钟的空隙，母亲一边使劲地踩碎所有唱片，一边愤怒地咆哮。

在小亚伯拉罕的记忆里，母亲就是自私、吝啬、暴虐的存在。为了防止孩子偷吃零食，她甚至给冰箱的门上锁。对母亲的反感和厌恶贯穿了亚伯拉罕的一生，成年后他这样评价自己的童年：

"我是一个极不快乐的孩子……我的家庭是一个令人痛苦的家庭，我的母亲是一个可怕的人……我没有朋友，我是在图书馆和书籍中长大的。"

亚伯拉罕的全名叫亚伯拉罕·哈罗德·马斯洛。是的，就是那个提出了著名的需求层次理论的马斯洛。在无以复加的痛苦中挣扎的小男孩，最终成长为美国知名社会心理学家、人本主义心理学的主要创建人之一。

按照很多人对原生家庭创伤的理解，出生在一个毫无安全感和幸福感可言的家庭，一生都没有与母亲和解，这样的人就算人生没有因此颓丧，性格也应该变得阴郁古怪。事实上，成年后的马斯洛温和仁慈，广受尊敬，和妻子的婚姻生活也美满幸福。

根据马斯洛的需求层次理论，每个人都有从低到高的五种需求：生理需求、安全需求、社交需求、尊重需求、自我实现需求。最高一级的自我实现需求，需要在安全、爱、自尊等方面得到适当满足。反观其成长经历，马斯洛是如何实现自我疗愈的，我们不得而知，但他从来没有在任何著述中提及，想要实现自我的前提，是要拥有一个完美的原生家庭。

数据显示，75%的人曾经历过童年创伤，但伤痛如马斯洛那样强烈且持续的人，恐怕为数不多。要想给孩子最好的家庭教育，我们先要疗愈自己，成为最好的自己。家长走出阴影，才能给孩子最好的原生家庭。

如何做到？跟自己的父母和解，跟自己的童年和解。其中很重要的一点，是理解每一代人都有各自的局限，每一位父母都有自己的问题和缺点，不论是性格上的，还是认知上的。

比如，很多父母之所以强调稳定，是因为他们的成长环境缺乏安全感，自己谨小慎微了一辈子，也希望孩子能安分守己，保留一份每个月能发几千块工资的稳定工作；因为在他们的工作环境中，只有按照固定的轨迹发展，才有价值，所以他们也希望孩子能在体制内工作，按部就班。

为人父母，都希望把最好的东西给孩子，有时候这份爱会因为某种迫切、坚持，而显得不与时俱进，甚至不近人情。如果你对此感到不适，哪怕无法理解、接纳，至少不要否定、嘲笑它，因为它是父母爱的表达。

樊登读书的创始人分享过一个案例。他有个学员从小被妈妈用荆条追着打，一直打到十几岁，这种经历让她从小感到羞辱，内心留下阴影。樊登跟她深入沟通后了解到，这个女孩出生的农村，附近池塘、河流很多，一些大人因为没看管好孩子，孩子会失足淹死。

"妈妈脾气暴躁，爱打人"背后的真相，很可能是因为"看到周围很多孩子失去生命，这位妈妈被吓坏了，不知道怎么把孩子带大，唯一的办法就是打，打到女儿哪里都不敢去，老老实实回家。这是她能想到的帮助孩子活下来的办法。"

如果说父母的认知有其局限性，子女又何尝不是如此！面对父母的暴戾，否定、抗拒是最容易生出的情绪，成年后指责、诋毁父母，成本几近于零。然而，抱怨父母是祸害的人，真的理解父母吗？这个问题，值得每一个自认被原生家庭伤害过的人深思。

当然，世上的确有存在性格缺陷，或根本不爱孩子，不愿承担抚养职责的父母，对此，成年后我们可以选择远离来保护自己；与此同时，依然不要让自己活在负面情绪和童年阴影下，因为理解父母，不是为他们的问题找借口，而是为自己的成长找出路。如果心中充满委屈和愤怒，就永远得不到爱和祝福。逃离悲催的家庭环境，远离扭曲的亲子关系，原谅父母，我们才能放过自己、看清自己、成就自己。

构建亲密关系：婚姻不是爱情的墓地

当我们处理好跟父母也即原生家庭的关系，能够坦然面对自己的过去后，下一步就是在现实生活中经营好与配偶的关系。因为夫妻关系和谐，是家庭生活幸福的前提；在父母的冷战或争吵中长大的孩子，内心很难幸福充盈。

构建亲密关系的挑战在于，当我们陷入一段恋情时，所见所想都戴着玫瑰色的滤镜；可当我们步入一段婚姻，爱情的浪漫被生活的琐碎消磨，关系剑拔弩张之时，难免怀疑自己是否从天堂跌入了地狱。

在心理学家依兰·哈特菲尔看来，人类有两种爱情，一种是"激情之爱"，一种是"共情之爱"。我们在热恋时最容易体验到激情之爱，其典型反应包括强烈的心动的热情、坐立不安的焦虑，以及性冲动等，当这些情绪得到回应后，我们会觉得特别快乐和幸福。

哈特菲尔认为，激情之爱是一种特定的生理唤醒状态，持续时间一般是 6 个月到 30 个月左右（不超过 3 年）。不过当恋爱的激情冷却下来后，要维系彼此的关系，取决于我们能否把"激情之爱"转变成"共情之爱"——一种彼此依恋、信任的感情。共情之爱通常建立在互相理解、尊重的基础上，其热烈程度没有激情之爱那么高，但更持久和幸福，当然，也更难获得。

如果说激情，是非理性的生理唤醒，**爱情则是一种乐观的理性**。常有人调侃说，婚姻是爱情的墓地，真相是，当我们进入婚姻关系后，爱情就少了一些盲目，多了几分理性，夫妻双方有意识地把激情之爱转变成共情之爱，才能把亲密关系引向深入，创造持久的幸福。

❯ 第一，正面沟通，为爱情保鲜

心理学家马塞尔·洛萨达曾做过一项调研，通过记录60家公司召开内部会议时所有的对话，来研究人们在沟通中使用的语言与企业经营状况的关系。

调研结果显示，当沟通中积极与消极词汇的比例大于2.9∶1时，公司会蓬勃发展；低于这个比例，企业经营就将陷入危机。后来人们把这个比例称作"洛萨达比例"。

受此启发，另一位心理学家约翰·戈特曼用类似的方法统计了一些夫妇在某个周末里的谈话，发现如果积极和消极用语的比例低于 2.9∶1，两个人的婚姻也离触礁不远了。反过来，要构建婚姻中的亲密关系，积极和消极用语的比例要达到 5∶1。这被称为"家庭洛萨达比例"。

很多人在缔结婚姻关系后，就卸掉恋爱阶段的"伪装"，把真实的自己展现在配偶面前，对自己的情绪包括对配偶的评价等，不加遮掩，想到啥就说啥，很多冲突由此引发。

"家庭洛萨达比例"告诉我们，再亲密的两个人，沟通也要讲究分寸。也就是说，我们对配偶说出 1 句负面评价，都要注意搭配至少 5 句正面的话，用以缓和冲突，缓解尴尬，如此才能避免婚姻关系出现危机，这跟中国人常说的举案齐眉、相敬如宾也是不谋而合的。

❯ 第二，频繁互动，用小确幸制造甜蜜

很多人平时醉心于工作，只在配偶生日或结婚纪

念日这样特殊的时刻，才想到要去买礼物，共同庆祝。这样固然能给配偶带来惊喜，但科学研究发现，快乐和**幸福的感觉更多地取决于积极体验的频率**，而非强度。也就是说突然制造惊喜虽好，但平时细水长流经营爱情，才是婚姻保鲜的关键。

日本作家村上春树在随笔集《兰格汉斯岛的午后》中创造了"小确幸"一词，意思是生活中那些微小而确切的幸福和满足。其实，我们怎样过一天，决定了我们怎样过一生。经营夫妻关系，也要从主动去做那些能带给彼此快乐的小事开始。它们包括：

肯定的言语。俗话说，酒逢知己千杯少，话不投机半句多。要让配偶跟自己相处时有如沐春风的感觉，就要经常在言语上支持、鼓励对方，学会换位思考，给予对方肯定和信心。

精心的时刻。除了配偶生日、结婚纪念日，日常生活中也要注意营造仪式感。比如出门前给配偶一个拥抱，周末下厨为对方烹制一顿大餐，这些都是爱的表达，能让配偶感受到跟你在一起时经常能得到关注，受到重视。

自发的支持。 主动去做配偶喜欢的事情，处处以他（她）的需要为优先考量。 尤其是当对方在工作或生活中遇到困难，要表现出积极并且乐意为其付出的姿态，支持他（她）实现梦想，共渡难关。

身体的接触。 相爱的激情消退，相处的亲情开始滋长，此时不要忽略与配偶日常的肢体接触，你的爱意会通过牵手、拥抱、亲吻这样的习惯性动作，而持续传递给对方。

好好说话：亲子沟通要有边界意识

有一次在超市，看到一个妈妈在果蔬区大声训斥孩子。

"让你不要乱拿东西就是不听，现在洒了一地，看你怎么收拾！"她的对面站着一个五六岁的小男孩，知道自己做错了事，低头垂手，一脸丧气。顺着男孩的视线看过去，货架上的圣女果滚落了一地。

男孩调皮，逛超市时喜欢东摸西看，本来很正常。不小心把水果弄到地上，大人批评教育几句，把东西捡起来，事情也就过去了。但这位妈妈不依不饶，说完了这件事又开始说别的问题，"你每次都这样，叫你往东偏要往西，昨天幼儿园老师刚说你户外活动到处乱跑不守规矩，左耳朵进右耳朵出是吧？你跟我说说到底怎么回事，今天不说清楚就别回家了，给我老老实实站在这里……"

妈妈声音很大，引来一些大人小孩在旁边看着。小男孩越来越羞愧、不安，抬眼看向妈妈，眼神里写满"求求你，小点声行吗"。妈妈无动于衷，似乎故意要让儿子受到惩罚。僵持了大概十分钟，才命令男孩把水果捡起来，"赶紧给我坐到购物车里，不要再乱跑了。"

作为家长，我们经常教育孩子，公共场合不要大声说话。但孩子犯了错，我们却又忍不住在公共场合大声训斥他，为什么会这样呢？

雨果奖得主、童行学院创始人郝景芳说，很多时候，我们规劝他人，不是想达到规劝的效果，而是为了彰显自己是对的，甚至希望对方失败，这样才能证明自己明智，证明自己的欲望大于关心对方如何成功。

案例中这位愤怒的妈妈，其言行如果出自下意识的反应，释放的信号恐怕不是要解决问题、帮助孩子，更多是要推卸责任、羞辱孩子：首先，向周围人宣告"这不是我的问题，是孩子屡教不改不听话"；其次，向孩子发出警告"不听话的后果很严重，以后再犯错，妈妈会用同样的方法，让更多人看你笑话"。

在传播学中，所有失败的沟通，都源于错误的表达。妈妈的情绪不对，表达的内容不到位，孩子就难以接收正确的信号，更谈不上正确地理解它。由此很容易陷入恶性循环——妈妈不好好说话，孩子不知道妈妈说话的意思，于是依然故我，让妈妈更火大，进而更不知道如何表达……

要想构建良好的亲子关系，"父母怎么说，孩子才会听？"这个问题不只关系到沟通技巧，还包括父母是否具备分寸意识。

前面的章节我们提到，要想跟孩子做朋友，不能对朋友说的话、做的事，我们也不能对孩子说、对孩子做。一些家长的问题出在把孩子当成自己的私人物品，习惯居高临下地俯视它、不容分说地占有它，却忽略了孩子是独立的个体，虽然暂时属于弱势群体，但跟父母在人格上是绝对平等的关系。

"你是不是眼睛瞎了，耳朵聋了，脑子进水了……""不听大人的话，你这是活该吧……"这类带有侮辱或嘲讽性质的话，一些家长脱口而出时，或许带着半开玩笑的意味，但给孩子传递的讯息是，强者辱骂弱者，给他们贴标签，是可以接受的。亲子沟通中的楚河汉界由此出现，家长用不假思索的言辞"教育"了孩子，让他们意识到，自己跟父母不是一个阵营的。

亲子沟通中的分寸感，建立在家长尊重孩子的基础上。父母好好说话，孩子才能听懂我们的话。孩子感受到尊重，才会对我们敞开心扉。

父母要礼貌地跟孩子说话，不是说要跟孩子说客套话，而是避免命令式的措辞，多用礼貌的言辞。

比如，不要命令孩子"快去写作业""赶紧收拾书包""给我把地上的东西捡起来"，而应用商量、询问的口吻，"你如果现在去写作业，妈妈会很高兴""你能帮我把地上的东西捡起来吗"。每个孩子都希望得到认可，当他们因为受到鼓励而主动去做一件事，而不是慑于强权、迫于压力被动去做时，执行的质量和效率会有明显的差异，亲子关系也会融洽得多。

据我观察，如果一个孩子吹毛求疵、尖酸刻薄，说明他生活在批评、指责中；如果孩子性格暴躁、爱与人争斗，说明他生活在敌意、愤怒中；如果孩子缩头缩脑、自卑怯懦，说明他生活在嗤笑、奚落中；如果孩子缺少自尊、负罪感严重，说明他生活在耻辱、羞辱中。

父母怎样教育孩子，孩子就会长成什么样子。生活在容忍友善环境中的孩子，常心胸豁达、平易近人；生活在鼓励推动环境中的孩子，安全感足、自强自信；生活在正义公平环境中的孩子，能掌握原则、泾渭分明；生活在安全稳定环境中的孩子，心态平和、信念坚定；生活在支持认同环境中的孩子，更珍惜生命、自爱自尊……

　　当家长具备关系思维，妥善处理好跟父母、配偶、孩子的关系，就能营造积极的家庭氛围。所谓花香自有蝴蝶来，家庭教育的花园经营好了，孩子像鲜花般怒放，像树苗般茁壮成长，"蝴蝶"也就源源不断了。

关系思维金句

父母是推动孩子进步的阶梯，家庭教育是激发孩子潜能的源泉，越是物质贫瘠，越不要让孩子的精神生活陷入干涸的境地。

关系思维金句

家长是否有成就，跟子女是否能成才，不是对应关系。所谓种田不好误一年，教子欠佳害一生。事业成功是一阵子，家庭幸福是一辈子。教育好自己的孩子，才是我们作为父母，人生中最大的事业。